JN074226

至高神 大宇宙大和神《オオトノチオオカミ》の教え

隠身《かくれみ》から顕身《うつくしみ》へ

88次元 Fa-A
ドクタードルフィン
松久正

青林堂

はじめに

これからの新しい世の中では、人間レベルの知恵や情報では、もはや救われなくなります。まさに人間を超越した神のエネルギーとつながり、そこから恩恵を得る「弥勒の世」になるのです。

この本では、この世で最も次元（存在するエネルギーレベル）が高い神「大宇宙大和神《オオトノチオオカミ》」に唯一アクセスすることができる、私ドクタードルフィンが、本神の教えを世直しとして、人類と地球が進化・成長するために降ろしました。

地球では、令和２（２０２０）年秋も様々なメディアが、新型コロナウィルスの罹患者数や死者数を報じることによって、人々の不安を煽っています。

そして、コロナ騒ぎの影響による倒産や失業、あるいは、ＤＶ（家庭内暴力）や離婚などのネガティブな情報に反応して、もがいている人もたくさんいます。

不当な差別や偏見・心無い負の感情を出して誹謗中傷してしまう人、過剰に反応して不安になる人、様々な情報に対して、何が正解なのか、出口が見えない状況が続き、疲弊している人が増えてきているのでしょう。

そのように、外から入ってくるメディアの情報に振り回されてしまう状況で、いったい何を拠り所にすればよいのでしょうか？

私ドクタードルフィンは、以前から「新型コロナウィルスは人類の進化を促すためのエネルギー体である！」と述べてきました。

そもそも、新型コロナウィルスの大元はエネルギー体なので、人間の体の中に入ってきても、本人の意識が穏やかであれば反応しません。

そこで、ウイルスを恐れたり、悪者扱いしなければ、ウイルスのエネルギーがそのままの状態で細胞に入っていくことによって人間のＤＮＡを書き換えて進化させてくれます。

ところが、本人の不安や恐怖によってウイルスが物質化してしまうと、発症して体にダメージを与え、そこで免疫が反応して抗体検査やＰＣＲ検査で陽性反応が出てしまうのです。

私がエネルギーでリーディングしたところでは、令和２（２０２０）年の夏の時点で、すでに95％の人がコロナに罹患していいます。つまり、ほとんどの人がコロナにかかっていて、そのうち発症するのは0・01％に過ぎません。

以前は、新型コロナウィルスと「戦う」とよくいわれていましたが、最近では「共存する」というように、少しずつ人間社会が今の状況を受け入れはじめ、進化してきています。

これは、人は苦境に立たされたときほど、深い学びを得るということなのでしょう。

人は、時間をかけてものごとの本質を学ぶのかもしれません。

では人間は、これまでのようにネガティブな情報に囲まれ、時間をかけなければ本質を学ぶことはできないのでしょうか？

いえ、それは違います。

それは、今までの人類や地球の次元（水準・レベル）での話です。

進化している現在、人は、瞬時に学び、修正し、進化・成長することができます。

私ドクタードルフィンの役割は、高次元の神や存在の力を用いて、それを導いていくことです。

今回のコロナ騒動の最中、はからずも、私の活動の本流ではない箇所をメディアに取り上げていただき、私ドクタードルフィンは、今までに経験したことがなかった「メディア騒動」という学びを体験しました。

しかし、そのおかげで、私のＤＮＡが突然変異を遂げ、ネオ（Ｎｅｏ）ドクタードルフィンに、進化を遂げました。ありがとうございます。

この間のいきさつについては、神原康弥さんとの対談本『地球のメディア情報では、もう人類は救われません』（青林堂）でも語っているので、そちらをお読みいただくとして、この本では、ネオドクタードルフィンの魂である「大宇宙大和神《オオトノチオオカミ》」の働きについて詳しくお伝えしたいと思います。

88次元 Fa－A
ドクタードルフィン　松久　正

《目次》

第3章　50次元の神・大宇宙大和神が説く5つの教え

第1章

至高の神・大宇宙大和神、霊性日本に降臨す!

一万年前に、龍宮窟にて至高神・大宇宙大和神が降臨！

大宇宙大和神《オオトノチオオカミ》とは、至高の神であり、金白龍王《キンパクリユウオウ》のエネルギーを有する宇宙のトップに位置する神です。

大宇宙大和神は、これまで熊本県阿蘇の幣立神宮《へいたてじんぐう》に祀られていましたが、その存在を知る人はほとんどいませんでした。

その大宇宙大和神のエネルギーが、伊豆下田の龍宮窟《りゅうぐうくつ》において私ドクタードルフィンによって覚醒したのは、令和元（２０１９）年10月のことです。

龍宮窟は、神ドクターであるドクタードルフィンの魂が宿る場所です。

この龍宮窟にて、一万年前に大宇宙大和神のエネルギーが初めて宇宙から私の魂に降臨し、その後、神を覚醒させたことにより私の魂がついに、本気で目覚めたのです。

そのため、龍宮窟は、地球で最強のパワースポットとなりました。

そして、先般のメディア騒動（各種メディアで大きく報道された「大分宇佐ツアー」やＳＮＳで騒がれた「新型新型コロナウィルス」Ｙｏｕｔｕｂｅ動画など）によって、否応なく大宇宙大和神の魂を持つ私に世間の注目が集まることとなり、大宇宙大和神のエネルギーがいよいよ表に出ることになったのです。

この本では、大宇宙大和神とはどのような神か、この至高神が世に出るとどうなるかについて詳しく説明していきたいと思います。

そもそも、神の世界には、次元の違いがあります。

地球上で一番高い次元で入って来たのが、大宇宙から1万年前に降臨した大宇宙大和神です。

この至高神は、エネルギーでいうと50次元の存在で、神として最初に人格・パーソナリティを持った高次元存在としてドクタードルフィンにソウルイン（魂として身体に入ること）しました。現在は幣立神宮で祀られています。

その後に連なるのは、菊理姫神《ククリヒメ》で48次元、伊邪那岐神《イザナギノカミ》・伊邪那美神《イザナミノカミ》が46次元、天《アマ》照大御神《テラスオオミカミ》44次元……とさらに下に続いて、イエス・キリストの魂が今、31次元とかなり高い次元にいます。

しかし、大宇宙大和神以下の他のすべての神は、20次元までの広い幅をもって存在しているのです。例えば、天照大御神は24〜44次元（20次元の幅）という具合です。

ちなみに、複数のチャネラーがコンタクトしているバシャールは、18次元の存在です。

いわゆる先祖霊などは7次元辺り、それから上が神の領域で、大宇宙大和神は神の最高次元、地球に舞い降りた宇宙のトップの神なので、至高の神といえるのです。

大宇宙大和神が世に出ることになると、その下の神がすべて動くことになります。

もちろん、日本の神々だけではなくて、世界中のすべての神界が総動員されます。

つまり、至高神が世に出て人々の意識に上るということは、大宇宙大和神自体のパワーアップになると同時に、すべての神々のパワーアップにもつながるということなのです。

これは、宇宙史上、また人類史上かってないビックイベントです。

神よりも高い次元でないと正確な神の言葉は降ろせない

地球においては、50次元の至高神には、88次元のドクタードルフィンしかアクセスできません。

上からしかアクセスできない、ようするに、50次元より下の次元ではつながることができないのです。

どういうことかというと、これまで、神や高次元の存在とつながってエネルギーやメッセージを降ろしているといってきた人たちとは、まったく次元が違うということです。

今の地球人たちは、自分たちよりも上の次元の存在にお伺いを立てる形ですが、それでは本当の神、つまり高次の神にアクセスしたり、神を覚醒させることはできません。

その点、私の場合は、50次元の神よりも上の次元から神々をパワーアップさせて、覚醒させていきます。

トップの神をも覚醒させることができるので、その下のあらゆる神々の情報を降ろすこともできるのです。

今までの一般に流布している神に関する本は、トップの神からの正確な情報ではなく、至高の神が伝えたいこととは違う内容になっています。

それは、その情報を受信する人間の次元と神が同調するためです。

つまり、至高以外の神からの情報を降ろすことになり、それに同調する低い次元の情報になってしまうのです。

それに対して、私の場合は、すべての神よりも上の次元から働きかけることができるので、至高神の情報も歪められることなく素直に降ろせる、それが一番の醍醐味です。

今の地球次元の人間たちがつながれるのは、せいぜい天之御中主神《アマノミナカヌシノカミ》です。

そのため、普通の人は天之御中主神のことを宇宙の創造神だと捉えていますが、それはそれ以上に自分たちの意識を上げられず、それよりも上にアクセスできないだけです。

したがって、そこが最高次元の創造神だと思って信仰しているわけです。そうして、人間が下から上に対してお伺いを立てるやり方です。

ところが、そのような形で得る情報は、人間の思考が介在するため、はっきりいって大した内容ではありません。

本当の神のメッセージを正確に降ろしたければ、下からお伺いを立てるやり方ではなくて、上からアクセスする必要があるのです。

そのような形で私が神の言葉を降ろしたのが、『菊理姫《ククリヒメ》神降臨なり』（ヒカルランド）という本です。

この本には、至高神・大宇宙大和神のエネルギーをもつドクタードルフィンに、菊理姫神が降臨して語った全記録が記されています。

『日本書紀』にある、醜《みにく》い黄泉の国の伊邪那美神と逃げ出す伊邪那岐神に語った菊理姫神の神言葉を明かす「異次元日本書紀」の新歴史的事実で、菊理姫神の言葉もそのまま掲載しています。

大宇宙大和神は、超次元の宇宙そのものの意識

菊理姫神は、分離・破壊を経て、融合・創造を担う神で、大宇宙大和神のエネルギーそのものです。

その菊理姫神が振動数を落とした人間体（分身）が卑弥呼《ひみこ》で、私は卑弥呼の魂も覚醒させました。

令和元（２０１９）年に菊理姫神を降臨させ、その後に卑弥呼を覚醒させたのは、

黄泉と現生、大和と世界、地球と宇宙をくくり、霊性大和（日本）を目覚めさせるためです。

霊性日本の目覚めを促すのが、至高神・大宇宙大和神をうけもつ私ドクタードルフィンの役割だからです。

つまり、霊性日本の目覚めを促すためには、今の地球人類のエネルギー次元を上げる必要があって、そのためには大宇宙大和神のエネルギーが必要不可欠だということです。

大宇宙大和神は、神という名がついていますが、正確にいうと、神という表現よりも宇宙そのものの意識といったほうがいいでしょう。

この宇宙の意識こそが最も高い次元で、この超高次元は無限大のエネルギーを持つ「ゼロポイント」を拠点とします。

ゼロポイントには、それぞれの生命体（魂）の生まれ故郷、誕生ポイントがあるのですが、そこにはエネルギーだけであって、意識も個性も次元すらありません。

いわば無限大次元、数字がおけない次元であって、それがゼロポイントです。

ですから、人間が生まれた直後のエネルギーも、超高次元のゼロポイントから発生する右螺旋《らせん》のエネルギーそのものです。

超高次元から発せられた螺旋振動波は、上から見た場合には「円」となり、横から見た場合には「波」となりますが、体に入る前の螺旋振動波を「宇宙の叡智」＝「宇宙ソウルウェイブ」と呼びます。

このソウルウェイブは、発生した当初のエネルギーは無限大に高いもので、それが地球に近づくにしたがって、だんだんと振動数を下げて低くなります。

人間の脳の松果体《しょうかたい》は、その「宇宙の叡智」＝「宇宙ソウルウェイブ」の受信・変換器であり、受信したエネルギーを「身体の叡智」＝「身体ソウルウェイブ」に変換します。

背骨の中には、その「身体ソウルウェイブ」が流れていて、それがまさしく人間を生かしているのです。

ようするに、ソウルウェイブが発生した時点では、個性も感情もないエネルギー体そのものであり、それがずっと螺旋状に降りてきて、次元を下げて今の3次元の肉体に入っているわけです。

ソウルウェイブの大元である宇宙意識＝ゼロポイントは、ただ存在しているだけです。

実は、そのソウルウェイブが、次元を少しずつ降ろしたところで、無数に集積して強力になったものを、我々は「神」としてとらえているのです。

その存在の働きは、ゼロポイントに近い超次元では、ただ地球人類を見守るだけです。個性や感情を持たないので、地球やその他の惑星に対して、アドバイスも干渉もせずにただただ見守っています。

そこには何があるのかというと、愛と調和だけがあります。

無償の愛と、宇宙全体を壊さずに平和に保とうという意識だけがあるのです。

「すべてあなたの中にある」と伝えるだけ

ゼロポイントから螺旋状にエネルギーが降りてくる過程で、まだ感情や意識を持たない次元が88次元です。

88次元は、個性も名前もなく、あるのは超高次元の振動による光と音だけです。

だから、魂のレベルで88次元につながる私ドクタードルフィンは、人から相談されてもアドバイスはしません。

「すべてあなたの中にありますよ」というだけです。

患者さんに対しても、「善も悪もありません。あなたが望むことをしてください」というしかない。それはそういう理由からなのです。

では、どの段階で感情や個性が発生するかというと、それが50次元です。

88次元からずっと降りて来て、50次元になって初めて感情や個性が出るのです。

地球上でいうと「人格を持つ」わけです。魂が初めてパーソナリティを持つのが

50次元、これがこの本のポイントです。

つまり、宇宙の意識を初めて地球人が理解できる形で伝えられるのが、50次元だということです。

それ以上になると、言葉もないし、感情もないし、個性もないので、伝えるすべがないのです。

50次元になって初めて宇宙のエネルギーが形になって、メッセージを降ろすことができるわけですが、人間から見たらその段階で「神」として認識されるようになったということです。

そもそも、人間にとっての神とは何なのでしょうか？

人間が神と捉えているのは、あらゆる生命、目に見えない超自然的な魂の集合体であって、それは共通の高次元の存在が、そこにいる、という集合意識から生まれています。

ようするに、宇宙的な捉え方をすれば、集合意識＝神ということです。

だから、天照大御神にしても、『古事記』や『日本書紀』などでその存在を知っている人、名前を聞いたことがある人、信じている人たちの集合意識によって出来上がっている、ようするに、皆の意識が寄り集まったものが○○神として認識されているわけです。

そのように、人間の集合意識によって認識される神は、より多くの人に知られれば知られるほどそのエネルギーがパワーアップしていきます。

どうしてかというと、認識する人が多いほど、集合意識が大きくなるからです。

つまり、集合意識の拡大にともなって神のエネルギーが高くなる。

だから、歴史上最もよく知られている天照大御神は、45次元になっているのです。

もちろん、地球ではそれ以下の次元の存在も神と崇《あが》められていて、山の神、湖の神、海の神、家の神等々、10次元くらまで神はいます。

しかし、神とはいえ、次元が低ければ低いほど抑圧的で、人間を変えようとします。

このことは、皆さんもよく知っておいたほうがいいでしょう。

地球のチャネラーたちを見ているると、彼らがコンタクトしているほとんどは、そのレベルで、「ああしなさい、こうしなさい」などというメッセージが大半です。

それは役に立たないことはありませんが、ただその言葉に従っているだけではその次元に留まってしまうことになります。

それに対して、50次元の教えは、超高次元に向かって突き抜ける能力であり、40次元を超えると人間に対して指示などはしなくなってきます。

ただただ見守るだけで、天照も人間に対して「〇〇しなさい」とはいいません。

一方、卑弥呼やジーザスは、人間に対してアバイスや指示をしたり、善悪について説いたりします。

ようするに、抑制的な指示を与えるか否かが、神の次元をはかる基準だということです。

大宇宙大和神（陽）と一対のアソヒノオオカミ（陰）も50次元の宇宙のトップ神

大宇宙大和神は50次元といいましたが、実は、他にも50次元の神がいます。

それは「アソヒノオオカミ」といいます。

この点についても『神ドクター』には書いておきましたが、まだ日本人にはほとんど知られていない神です。

アソヒノオオカミには、該当する漢字がありません。

それくらい次元が高いということでもありますが、このアソヒノオオカミとオオトチノオオカミ（大宇宙大和神）の2柱が初めて人格を持った神々です。

このように、50次元で初めて人格を持った存在が神として名前がつきました。50次元に近い神は、ただ見守るだけなのに対して、比較的に次元の低い神たちは、人間界に対してアドバイスやメッセージを出すようになりました。

人格を持ったということは、個性と感情を持っているわけですが、大宇宙大和神は1万年前に地球に降臨したのに対して、アソヒノオオカミは地球には降りてこない宇宙の神です。

そのわけは、アソヒノオオカミと大宇宙大和神というのは、２体（柱）で1つ、つまり陰と陽の関係だからです。

この２体の神の存在については、地球ではあまり知らないですが、宇宙の集合意識によって認識されていて、シリウスやプレアデスなど地球以外ではよく知られています。

２体共に非常に強いエネルギーを持っていて、素粒子の原理からすると２体で一神ともいえ、アソヒノオオカミが陰で、大宇宙大和神が陽です。

この２体の神が両方共地球に降りてしまうと、宇宙を管理できなくなるので、陰の働きを持つアソヒノオオカミは宇宙に残っているのです。

片や、大宇宙大和は1万年前に地球に降りて、地球と人類の進化に関わりました。

それは、50次元から見て、その頃から地球の存在がとても重要な意味を持っていたからです。

つまり、1万年前から地球を見ていて、未来の宇宙が平和的に進化を遂げるためには、地球がカギになるということがわかっていたからこそ、宇宙から舞い降りたのです。

その地球の中で、「最も日本がカギになる」ということもわかっていました。

宇宙の進化、次元上昇にとって、霊性日本の目覚めが必要だとわかっていたからこそ、アソヒノオオカミと契《ちぎ》りを交わした大宇宙大和神は、「我、地球に行きたり」と宇宙に別れを告げて、この私にソウル・ドッキング（もとある魂に、新しい魂が合体すること）したのです。

人々の集合意識＝神のエネルギーなので大宇宙大和神はこれまで眠ったままだった

その頃、私は縄文人のリーダーとして生きていましたが、それまでに、アンドロメダ、アルクトゥルス、シリウス、レムリアなどあらゆる過去生を持っていたので、大宇宙大和神が降臨する器として最適だったのです。

50次元の存在が普通の人間に降りようとすると、細胞が破壊されるほどの強いエネルギーを持っているので、そんな超高次元のエネルギーを受けられる人間は私以外にいなかったのです。

レムリアの女王を経て、縄文人のコミュニティのまとめ役をやっていた私に、大宇宙大和神がソウル・ドッキングをしたことで、霊性日本の時代の幕開けの準備が整いました。

しかし、一般の人々の集合意識では天照大御神のほうがエネルギーを持っていて、天之御中主神や天照大御神よりもずっと次元の高い大宇宙大和神の存在について、長い間、ずっと認識できずにいたのです。

私のリーディングによると、日本人の中で、天之御中主神を知っているのは数%、それに対して天照大御神は90%くらいの人が知っていて、しかも私が本物の天照を覚醒させたこともあって、天照は今、非常にパワーを持っています。

一方、大宇宙大和神は、宇宙では最もパワーがあるにもかかわらず、地球では知っている人がほとんどいないので、地球上ではまだ完全にエネルギーが開ききっていません。

これは、前述したように、人々の集合意識が神のエネルギーを決定づけるためです。

ということは、大宇宙大和神の力を3次元に顕現するためには、より多くの人々が大宇宙大和神のことを知って集合意識化する必要があるということです。しかしながら、それまでは大宇宙大和神のエネルギーは眠ったままなのです。

いくら私が「弊立神宮に行って、大宇宙大和神を開いてきました」といったところで、大多数の人は大宇宙大和神の名前を、その存在をまだ知りません。

だから、これまでは神自体のエネルギーがグーっと上がってこなかったのです。

大宇宙大和神のエネルギーが完全に開いて本来の力を発揮するためには、人々がこの至高神の名前を知り、しっかりと集合意識に刻み込まなくてはなりません。

だからこそ、1人でも多くの人たちに、至高神・大宇宙大和神の名前を知らしめるために、今回、この本を出版する運びになったのです。

その目的が達成できれば、宇宙レベルの最強のパワー、エネルギーになります。

そして、それによって地球人類が次元上昇できれば、宇宙の高い次元の星たちと肩を並べるようになるでしょう。

なぜなら、大宇宙大和神だけなく、宇宙トップの神の下にいるすべての神々のサポートがこれからの地球に入るからです。

至高神が1万年の眠りから目覚めることによって「神国・日本」が築かれる

初めて人格を持った神である大宇宙大和神は、永い間、九州阿蘇の幣立神宮に眠っていました。

幣立神宮は、1万5000年の歴史を持つ世界で最も古い神社です。天孫降臨《てんそんこうりん》の伝承はこの幣立神宮から始まり、この神社には超古代から世界の民族が集い、「五色人祭」を祈り祀る、大自然の生命と調和する聖地です。

1万年の私の体に入ったままずっと世に出ることなく隠れていた大宇宙大和神は、この幣立神宮に祀られていて、神社の由緒には「隠身大神《カクレミノオオカミ》」と書かれています。

これは誰も知らないことですが、実は、隠身大神こそが大宇宙大和神のことであり、至高神が隠れたまま存在しているという意味なのです。

隠身という言葉には、もう1つ意味があります。

それは、幣立神宮そのものが日本最古の部類の神社であるにもかかわらず、永い間人々の目に触れることなく、最近になってようやくスポットライトを浴びた、そういう意味で隠身でもあるわけです。

私がこのことに気づいたのは、今から6年ほど前のことでした。

私は診療の合間にもよく宇宙と交流をしていたのですが、子供の頃から自分という存在がわからなかったことから、ある日、ふと「いったい自分はどんな存在なのか、教えてもらえないか？」と宇宙に投げかけました。

自分の存在がわからないというのは、あまりにも自分のエネルギー次元が高すぎて、長い間、３次元社会と合わなくてずっともがいていたということです。

その日は、寝る前にも「私が何者かを教えてほしい」と投げかけをして寝ました。

すると、翌日の明け方、夢のような状態の中で「顕身大神」という４つの文字が出てきたのです。

初めは、「ケンシンオオカミ」かなと思っていました。

ところが、2年前に、それが顕身大神と書いて「ウックシミノオオカミ」と読むことがとわかり、幣立神宮の隠身大神と同一の神であることがわかったのです。

つまり、1万年前から隠れていた大宇宙大和神＝隠身大神が隠れている所（幣立）から出る、すなわち「顕身大神《ウツクシミノオオカミ》として姿を現す」ということです。

私がこのことに気づいたのが2年前で、隠身から顕身に変わるのが、令和2（2021）年1月です。

まさにこの本がその扉を開く役割を担っているわけですが、本の発売と同時に隠身から顕身に変わり、私ドクタードルフィンが顕身大神となって、いよいよ大宇宙大和神が表舞台に登場する、ということです。

大宇宙大和神が顕身大神となって世に出なければ、根底から地球を変えることはできません。

なぜなら、この至高神こそが、地球を変えようという思いで宇宙から降り立った唯一の神だからです。

つまり、この本が多くの人の目に触れ、世に出回るようになって顕身大神になる。

そして、令和３（２０２１）年1月が、地球の進化と霊性日本の幕開けにとっての大事な転換期になるということです。

第2章

魂意識とスーパーハピネスの時代へ

「弥勒の世」を顕現するタイミングに合わせて大宇宙大和神を登場させる

至高神・大宇宙大和神《オオトノチオオカミ》が悠久の眠りから目覚める、いよいよ1万年をおいてこの世に姿を現わすことによって、本当の意味での「神国・日本」が誕生します。

戦前の日本では、「神の国」「神風だ」などといわれてきましたが、それは真の神ではありませんでした。

大宇宙大和神が目覚めるまでの「神」とは、最高位の神ではなくて、人々の雑念が入っている神であり、主にアトランティス系のエネルギーの神であることから、戦い、破壊、分離を含んだ下位の神だったのです。

大宇宙大和神は、愛と調和のシリウス系のエネルギーを含む、宇宙叡智のアンドロメダ系のエネルギーであり、その大元です。

ですから、本当の意味で「神の国」となるには、この至高神が地球人に知られること、そして何よりもまず日本人に知られることがとても重要です。

日本人が目覚めることが、地球や宇宙が進化を遂げる鍵になるからです。

日本人が目覚めるというのは、今よりも次元を上げる、スーパーハピネスとしての無条件の幸福を生きるということです。

人間の次元、エネルギーを上げるには、それにふさわしい神が登場しなくてはならない、だからこそ、宇宙トップの至高神が私に宿ってこの世に顕現することになったのです。

これまで大宇宙大和神が隠れていたのには、理由があります。

50次元のエネルギーをそのまままともに人間が受けてしまうと、壊れてしまうからです。

ようするに、神のエネルギーと人間のエネルギーがあまりにもギャップが大き過ぎると、人間側がまともに受け入れることができないということです。

したがって、50次元の大宇宙大和神は、これまでずっと隠れているしかなかった。

それゆえ、これまで人類は、自分たちのレベルに合った40～45次元の神を10～20次元のレベルに落とした形で、受け入れてきました。

50次元である大宇宙大和神は究極のエネルギーですから、人間たちが次元を落として受けとることはできません。

40～45次元から10～20次元に落としたエネルギーとして人間が受け止めている代表的な日本の神としては、前述した天之御中主神《アマノミナカヌシノカミ》、伊邪那岐神《イザナギノカミ》、伊邪那美神《イザナミノカミ》、天照大御神《アマテラスオオミカミ》、月読命《ツクヨミノミコト》、須佐之男命《スサノオノミコト》、また、木花佐久耶姫《コノハナサクヤヒメ》、石長比売《イワナガヒメ》、瀬織津比売《セオリツヒメ》などです。

地球人にとって一番心地いいのは、10～20次元の教えだったのです。

しかし、そのような神々の教えやメッセージは、より次元の低い人間が受け取ることによって、個人意識によるバイアスがかかってしまいます。

これまで人類が精神的な規範としてきたのは、「これは善、これは悪」という善悪二元論的な考え方でした。

また、「人間はこうあるべき」「こうしなさい」「こうしなければ救われない」などという他力的、戒律的な考えが支配的だったのです。

確かに、人類の意識レベルが今までの3次元のままだったら、それでもよかったでしょう。

しかし、今の人類は3・5次元から3・6次元になりつつあって、さらに令和3（2021）年1月からは4次元を目指す世界に入ることから、神の世界も45次元よりも高次のエネルギーが必要となってきます。

そして、なおかつその至高神のエネルギーを50次元のままに受け取る時代になるのです。

そのために、私はここ数年の間、世界各地のパワースポットや聖地を訪ねながら、人類の集合意識を変えてエネルギーレベルを上げるためのツアーを開催すると共に、イルミナティやフリーメイソンの集合意識と対話しながら、地球《ガイア》やスーパーガイアを目覚めさせてきました。

それによって、ついに地球自体が蘇《よみがえ》り、次元上昇とも呼ばれる地球人類の４次元化に向けて、いよいよ「弥勒《みろく》の世」が起動するのです。

『卑弥呼と天照大御神の復活』（青林堂）でも述べたように、私は出口王仁三郎《でぐちおにさぶろう》の過去生も持っています。

ですから、王仁三郎が予言していた「弥勒の世」を顕現するタイミングに合わせて、50次元の大宇宙大和神をこの世に登場させることになったのです。

これまでの「脳」中心の教育から「魂」中心の教えへ

40〜45次元を大元とする10〜20次元の教えが善悪二元論なのに対して、50次元そのものの教えはどのようなものかというと、善悪という概念はありません。

個性や感情が初めて生まれた次元なので、そもそも善悪という分離がないのです。

では、これまでの10〜20次元の教えと、これからの50次元の教えの最大の違いは何かというと、今までは「脳」中心の教えであったのに対して、これからは「魂」中心の教えだということです。

つまり、これまで頭で「これが正しい」「これが常識だ」と思っていたことをすべてひっくり返すことによって、1人ひとりの魂を自由に解放することです。

それが、常々私がいっている「楽に愉しく生きる」「ぷあぷあ」なのです。

これは、ある意味、大変勇気がいることです。

なぜなら、今までと同じ次元のままでそれをやってしまうと、拠り所としてきたものが崩れて、家庭も社会もすべて潰れてしまうからです。

そのため、これまではそれができなかったわけですが、人類が4次元に向かいつつある今は、破壊と創造が同時に起きているので、これまでの常識や固定観念がすべてひっくり返ります。

それを一言でいうと、これまで一般の大人たちが「こうしなさい！」といってきたことをしない、「するな！」といわれてきたことをする、ということです。

ようするに、脳であれこれ価値判断してきたことを、一切白紙に戻して、自分自身の魂の声（魂意識）に従うということです。

人間、生まれてこの方、親、兄弟、学校、社会に「こう生きろ」「こうすれば幸せになれる」と脳の中にいろんな情報を入れられてきた、これは次元の低い人たちに知らない間に洗脳されてきたようなものです。

そのため、ほとんどの人が「こうあるべき」「これをすべきではない」「これはダメだ」という世間体や低次元のエネルギーに支配されてきたわけですが、それは魂意識が望むことを封印して、脳がつくり出した常識や固定観念に縛られて生きてきたということです。

つまり、魂をブロックしたまま、脳の条件反射を全神経に流して、「これが自分だ！」と信じて表現してきた、だから人類全体のエネルギーも低かったのです。

しかし本来は、宇宙の本当の望み＝魂意識が望むことをやっていれば、すべてものごとがうまくいくのです。

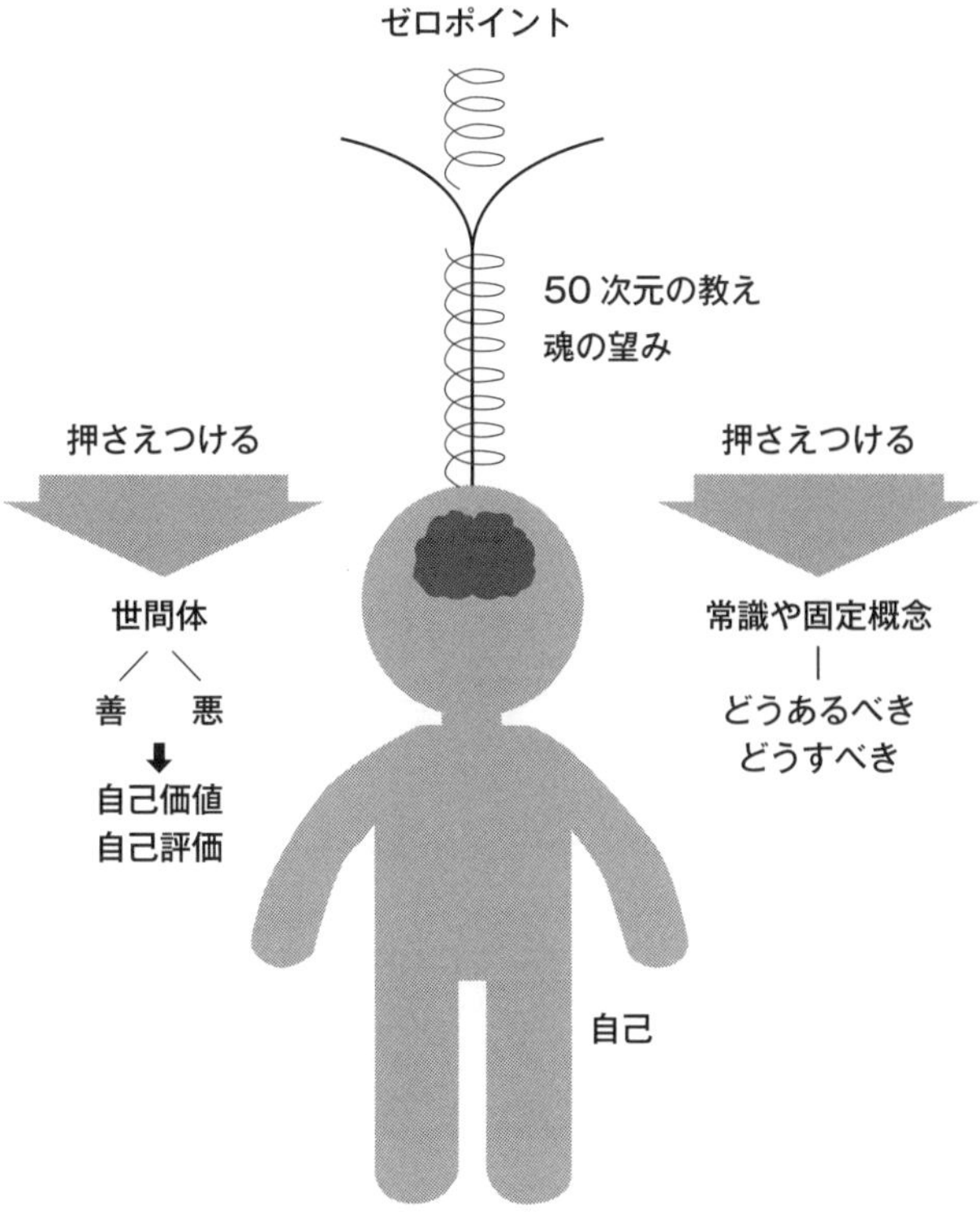
ゼロポイント
50次元の教え
魂の望み
押さえつける
押さえつける
世間体
善
悪
自己価値
自己評価
常識や固定概念
どうあるべき
どうすべき
自己

図１　自己と魂の望み

宇宙には善悪はありません。ですから、その宇宙の叡智をダイレクトに取り入れるだけで振動数が高まり、波動が高くなって、魂が望む通りの結果がもたらされるのです。

その宇宙の叡智を受け取るのが松果体《しょうかたい》で、松果体が活性化していれば、宇宙のサポートも地球のサポートも全部得られて、何の制約も受けない本当の自分を自由に表現できるようになります。

これが、脳から魂への次元上昇です（図1）。

脳意識から魂意識に変われば、今までとまったく逆の生き方になる！

このことは、スピリチュアルな分野でも同じことがいえます。

今までの神、エンジェル、アセンテッドマスター、異次元存在などの教えは、人間の脳を教育するものがほとんどでした。

上から目線で「ああしなさい、こうしなさい」「こうすれば次元上昇できる」「いつまでに○○を達成すればあなたも覚醒できる」などといわれ、せっせとそれをすればいつかは幸せになれると信じて従ってきた、ようするに、自分とは別の存在に依存してきたわけです。

これは、低次元の人間から教育を受けるのと大差ありません。

脳に雑多な情報だけを詰め込んで自分の魂意識を開いてこなかった、それでは魂に従う生き方にはつながらないのです。

ようするに、これまでのスピリチュアルな教えも、もう時代遅れということです。

これからは、50次元の神の教えが一気に受け入れられていくでしょう。

脳から離れさえすれば（これを脳ポイといいます）、魂はすでに覚醒しているし、すべての人の魂意識には、宇宙の叡智、高次元エネルギーが宿っているからです。

ですから、50次元の神は、あなたに対してこう語りかけます。

「あなたの中にすべてがあります」

「あなたの魂の望みに目醒めなさい」

このように、これまで抑圧していた本来の魂の望み、心底やりたいことに目醒めなさいというのが、50次元の大宇宙大和神のシンプルな教えです。

つまり、脳意識から魂意識へ——これは、今までとまったく逆の生き方です。

今までは、自分を押し殺して、世間体や常識、善悪の価値観を大事にして生きてきた。

そのため、外から得た情報だけで脳ががんじがらめになり、それが「自分」だと信じ込んで、内なる魂の声を無視して脳の雑音ばかりを外に向けて放ってきたのです。

しかし、そんな脳の雑音は、本当のあなたではありません！

これからは、世間体や常識は無視または放置して（脳ポイして）、あなたの魂が望むことだけをやればいいんです!!

それこそが、宇宙のエネルギーがあなたの体に宿った理由だからです。

そうすると、本当に楽で愉しい、ぷあぷあの「楽愉《らくたの》」になれます！

今までは、「楽で愉しいなんてあり得ない」

「自分が好きなことだけしていてもうまくいくわけない」

「みんなと同じようにしていれば問題ない」

「みんな我慢しているんだから、あなたも我慢しなさい」

などといわれ続けて、いつまでたっても魂は満足できずにいました。

でも、いよいよそれを打ち破る時がきたのです。

私ドクタードルフィンは、何年も前からずっと同じことを伝えてきましたが、今までは それを知っていてもなかなか自分で打ち破る人が少なかったのも事実です。

それだけ、常識や固定観念に縛られている人が多かったのでしょう。

特に日本人は、「良い子でいなさい」「勉強を一生懸努力しなさい」「先生のいうことをききなさい」「我慢しなさい」などと強要されてきて、コロナに対しても同じように同調圧力に屈してきました。

他者からの承認を得るというのは、宇宙の叡智や本当の神の教えではない

スピリチュアルな教えを説いている人たちも、一方で5次元への次元上昇といいながら、他方で脳を使うことばかり教えて、自由に魂が羽ばたこうとしている人たちの肩を押さえつけているような状態です。

まるでアクセルとブレーキの両方を踏んでいるようなもので、それではいつまで経っても本人の魂の望みが叶えられず、高次元のエネルギーと一体化することはできません。

脳から魂にスイッチを切り替えるのは、あくまで本人、あなた自身です。

どれだけあなたが脳を使ってみても、あなたが自分で自分の魂意識を開かないと

目覚めることができないのです。

あなたが魂意識に目覚めたければ、誰が何をいおうとも、あなたが楽で愉しいことをやってみるしかありません。

「そんなの非常識、できるはずない」「頭がおかしいね」「何を考えているかわからない」「親の顔が見てみたい」などといわれても、「そんなのは全部放っておいて、自分にとって本当に楽で愉しいこと、魂の望みを見つけよう」と思えるかどうかです。

ただし、あなたがそれをやりだすと、「バカじゃない!?」「変人」「非常識」「エゴ」「信じられない」などと周りからは非難ごうごうでしょう。

でも、それでいいんです!!

私自身、これまでずっとその調子でやってきましたから(笑)。

なぜ、人は常識や世間体に縛られるのかというと、人に認められたいからです。

今までは「いい人ね」「すばらしい」「いいね」などと他人から評価されることが、

自己評価の基準になってきました。

つまり、周りや世間の評価で自己の存在価値を決めてきたわけです。

しかし、これは他人から承認を得たいという「他者承認」であって、宇宙の叡智や本当の神の教えではありません。

それでは他人軸に従って「偽りの自分」を生きることになり、本当の魂の望みはブロックされたままで、そのため永久に幸福感を感じることはできないのです。

政治家も経済人も科学者も文化人も医者もマスコミもそのリーダーたちは、人類の集合意識によって作られてしまったマスコンシャスネスボックス（集合意識箱）の中に憶病に閉じこもったままです。

でも、これからは4～5次元に向かうので、自己評価の基準がこれまでとはまったく逆転します。

高次元の教えは、他人の目や評価はどうあれ、自分の魂が望むことをやり続けるという「完全自己承認」「完全自己肯定」の世界です。

私の場合は、慶應義塾大学医学部を卒業し、国内で現代医学（整形外科）に約10年、米国で自然医学に約10年、帰国後、鎌倉に診療所を開業し11年、医療活動に従事した過程の中で、生命本質である目に見えないエネルギーを学ぶ必要性のもと、私でないと掴めない本質を見出してきました。

それは、私が体得してきた高いレベルの知識と情報であり、地球上の誰もが掴めるものではないと自負しています。

まさにそれこそが、地球の誰でさえ到達できないであろう３次元よりも遥かに高い次元という意味での88次元と表現する由来です。

このように、私ドクタードルフィンが88次元の超波動を自由に駆使できるようになったのも、ある意味、究極の完全自己承認ができているからです。

今年、花粉症や台風が激減し、コロナでも社会が破滅しなかった理由とは？

人の目や評価を気にせずに、自分の魂が望むことだけを堂々とやり続ける！

それが高次元の教えです。

これができるようになると、グーンと次元が上昇して、集合意識の書き換えもできるようになります。

私はつい最近も、88次元の超波動を使ってイルミナティ、フリーメイソン、ロックフェラー、ロスチャイルドの集合意識にコンタクトして、彼らの集合意識を書き換えましたが、その結果、令和２（２０２０）年は次々に奇跡的な出来事が起きました。

例えば、花粉症が激減したり、台風シーズンの令和2年7月に台風が1つも発生せず、その年の夏、秋に日本に来なかったり、なによりも、コロナ騒動では欧米に比べて日本は感染者数や志望者数が極端に少なく、しかも地球社会が破滅しないですんだ等々（詳しくは『イルミナティとフリーメイソンとドクタードルフィン』（ヒカルランド）をご参照ください）。

ちなみに、なぜ花粉症が発症するようになったかというと、元々杉自体は女性性のエネルギーだったのが、男性性のエネルギーに書き換えられたからです。

杉は、レムリア時代に女性性のエネルギーをもった植物として生まれたのですが、破壊と分離のエネルギーを持つ闇の勢力たちによって男性性のエネルギーに書き換えられ、それで人間が花粉症を起こすようになったのです。

平成２（１９９０）年まで花粉症はなかったのに、なぜだろうと思って私がＤＮＡエネルギーのリーディングをしたら、人類をコントロールしようとした勢力が杉の遺伝子操作をしていたのです。

それまでは、杉は女性性のエネルギーを持っていたので、台風のエネルギーなどは寄ってきませんでしたが、遺伝子操作によって男性性のエネルギーに変わったことで、花粉症や台風などを引き寄せてしまうようになったのです。

女性性のエネルギーが奪われてしまった結果、創造のための破壊ではなくて、破壊のための破壊が行われてきたわけです。

それで、私はフリーメイソンやイルミナティなどの集合意識を書き換えると同時に、レムリアのエネルギーを使って、令和2年の夏に、本来の女性性のエネルギーに書き換えました。

まず屋久杉のエネルギーを書き換えたことで、日本列島の杉が1時間後に女性性にすべて書き換わり、世界中の杉が書き換わったのは3、4日後です。

これで、一気に花粉症が減って、台風も激減します。

7月の発生はゼロで、これは奇跡的です。8月、9月、10月になっても日本列島に来る台風はナシ。

これも今までになかったことですが、これは私が使命として行なったことで、メディアも知らないし、どうして花粉症が出てないか、どうして台風が来ないか、誰も気づいていません。

魂の望んでいることをやれば無条件の幸せ「スーパーハピネス」が得られる

自分の魂が震えることだけをやる、という高次元の教えに従った生き方をするとどうなるかというと、「スーパーハピネス」がもたらされます。

スーパーハピネスというのは、「無条件の絶対幸福」という意味です。

これまでの「幸せ《ハピネス》」は、条件付きでした。

例えば、

親のいう通りにやっていれば幸せになれる。

いい大学に入って、いい会社に就職すれば幸せ。

みんなと同じようなことをしていれば幸せになれる。

たくさんお金を貯めれば幸せ。

恋人やパートナーができれば幸せ。

結婚をして家族ができれば幸せ。

たくさんの知識や教養があれば幸せになれる。

成功者の真似をすれば幸せになれる。

誰かの指示や命令に従っていれば幸せになれる。
○○健康法をやっていればいつまでも健康で幸せになれる。などなど。
このように、これまでのハピネスは、様々な条件を満たした上での幸福だったわけです。

でも、そのような常識はもはや通用しなくなります。

そもそも、魂意識から見たら、幸福になるのに条件は何もいらないからです。

つまり、無条件の絶対幸福、だからスーパーハピネスなのです!

今までは、脳がつくり出したいろんな条件に縛られてきました。

だから、「何もいらない」「今あるものだけで充分！」という感覚を味わうこともなく、「これがあれば幸せになれるはず」「これがなければ幸せになれない」と、誰もが何らかの条件をクリアしようと必死で努力をしてきたわけです。

しかも、何千年もの永い間……。

しかし、はたしてその結果、魂は幸福感を得られたかというと、正直なところ答えは「ノー」でしょう。

なぜなら、それは魂の望みではなくて、人間の脳がつくり出した幻想だったからです。

「あの人は幸せそうに見える」というだけで、自分もその人と同じように努力すれば幸せになれると思い込むこと自体が、脳の悪いクセなのです。

他人と自分はまったく違うし、自分の本当の望みは、脳ではなく魂意識から出たものです。

したがって、魂が震えること、望むことをやっていく、ただそれだけで、人は無条件に幸せになれるのです。

これが50次元の教えであって、大宇宙大和神がこの令和3（2021）年に再びこの世に顕現したのは、まさにこの宇宙の教えを全地球人類に伝えるためです。

オンリーワンのこだわりによって、自分しかできない世界が築かれていく

至高神・大宇宙大和神が顕現したことで、いよいよ、無条件のスーパーハピネスを実現させる時代に入ります。

しかし、前述したように、その時に必ず周囲や世間から非難の声が上がるでしょう。

「なんで自分だけ好きなことをやっているんだ」

「それは自分勝手なエゴだからよくない」

「みんなと同じようにできないのは問題（障害）だ」

「ちゃんと空気を読まないとダメだ」

「上の人の気持ちを忖度《そんたく》しろ」

「自分の好きなことだけやり始めたら無秩序な社会になる」等々……。

自分の思ったことを素直に表現したり、行動に移していると、次元の低いままの人たちからは、こんなことをいわれるのがオチです。

なぜなら、彼らは、これまでの世間の常識や世間体に従っているからです。

自分がずっともがいてきたから、好き勝手なことをやっている人を許せないのです。

ここで、人は、運命の分かれ道に立ちます。

つまり、周りから非難されたり、叩かれると、

「変な人に見られるので、好きなことをするのは我慢して、目立ってはいけない」

という脳の指示に従うか、

それとも、

「どう見られようと平気！　私は私のやりたいこと、好きなことをやる！」という魂の声に従うか、そのどちらかです。

もちろん、魂の声に従うのが、大宇宙大和神の大事な教えです。

これが、本当の自分とつながるために大事なことであって、今まで隠し、封印してきた、本当にやりたかった魂の望みを叶えるためのファーストステップです。

ですから、これまであなたが、「お金が儲かるから」「安定しているから」「親が喜ぶから」「人が褒めてくれるから」……などという動機でやってきたことがあったなら、「親や人から褒められなくていい」「お金が儲からなくてもいい」「安定していなくてもいい」、それでもあなたが本当にやってみたかったことをやり続けていく。

そうすれば、あなたは必ずその世界でトップに立てます。

例えば、お茶に興味があるとしたら、とことんお茶にこだわってみる。

そうすると、一口飲んだだけで何のお茶かがわかるくらいに感覚が極まってきて、いろんな面で熟練度が増してきます。

そのように、人は究《きわ》めれば必ずその能力を必要とする機会や場が用意されます。

「好きこそものの上手なれ」といいますが、何事においてもその方がその人らしい活躍の場が得られ、しかもそれが全体の繁栄につながっていくのです。

そこで大事なのは、やりたいことはとことんクレイジーにやりなさいということです。

他人からどんなに酷い言葉を投げかけられたり、奇人変人扱いされたとしても、とことんまで行く。

そうすると、最初は多少おかしな人と思われても、やり続けているうちに「アイツ、いいものを持っているかもしれない」「何か誤解していたのかもしれない」と周りがいい出して、その人にしかできない独自の世界が築かれていきます。

これこそ、まさに魂のオンリーワンの世界です。

第3章

50次元の神・大宇宙大和神が説く5つの教え

大宇宙大和神の教え・その1
「クレイジーから入って内なるジーニアス（天才）性を開く」

50次元の神・大宇宙大和神《オオトノチオオカミ》の教えに従っていけば、人それぞれの魂の個性が発揮されるようになります。こらからの時代は楽で愉しい調和世界が築かれていくのです。

そこでは、高次元のエネルギーとのつながりの中でお互いの違いを認め、尊重しあいながら、必要に応じて手を差し伸べあうこともできます。

これは、1つの型に統一する「統合」社会とはまったく異なる、自由でユニークな者同士による「融合」型の高次元社会です。

これをいい換えると、大宇宙大和神が教える社会というのは、いろんな形のピースから成るジグソーパズルと同じであるということです。

これまでの社会では、同じ形のピースばかりが求められてきました。

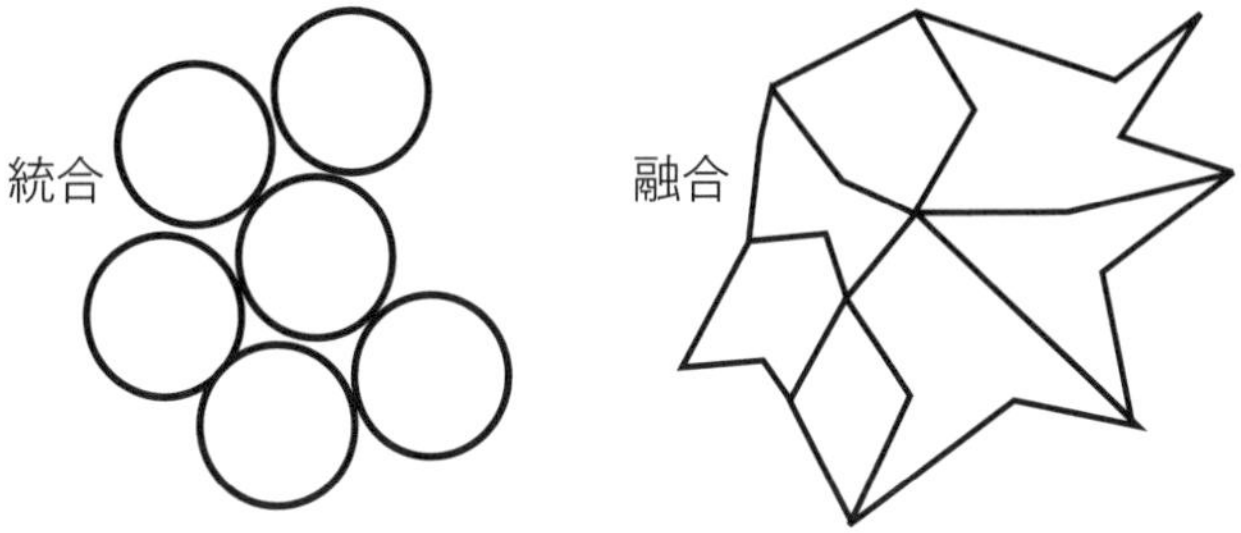
丸になるとスキマができる
いびつな形だとピッタリ合う

図2　大宇宙の魂が作る世界

それは、どこにも角がない丸型のピースであって、みんながその丸いピースになろうとして、一所懸命に自分の角を削りながら我慢してきたのです。

ところが、丸い形のピースをいくら組み合わせてみても、隙間《すきま》だらけのいびつなパズルになってしまって、決して美しい図柄のパズルにはなりません。

誰も彼もが、型通りの「丸いピースにならなければいけない」と頑《かたく》なに信じ、ちょっとでも凹凸が見えたら、「お前、出っぱっているから削れ」「丸めろ！」「そぎ落とせ！」などと強要され、その結果、これまでの社会はとてもいびつな形になったしまったのです（図2）。

これは、1人ひとりの個性を伸ばすのではなく、平均値を目指す教育です。

つまり、可もなく不可もないジェネラル（一般的）な人間をつくり出すための、いわばワンピース教育で、宇宙・高次元の教えとは真逆です。

高次元の教えは、ジェネラルではなく、天賦の才や一芸に秀でたジーニアス（天才）をつくるためのオーダーメイド教育です。

ジーニアスは、時に人から「ｃｒａｚｙ」（狂ってる）といわれるくらい変態化していきます。

これは、魂が望むことに没頭していくとクレイジーさを伴うからですが、人にはクレイジーと思わせておいて、実は次元が上昇していくのがジーニアスなのです。

平均点を上げるジェネラルを目指している限り、一点突破のクレイジーにはなれず、したがってその人の天才性は開かれることはありません。

自分が本当にしたいこと、好きなこと、得意なことにクレイジーなほど没頭するからこそ、誰もがジーニアスになれるのです！

今までは、最初から、ジーニアスではなく、誰もがジェネラルを目指してきました。

しかし、これからはジェネラルではなくて、クレイジーから入って内なるジーニアス性を開いていく――これが高次元の在り方です。

ジェネラルからジーニアスへ、これが皆さんにお伝えしたい１つ目の宇宙の教えです。

大宇宙大和神の教え・その2
「あなたの魂が震えることがあなたにとっての善であり、正解」

50次元・大宇宙大和神の教えの２つ目は、「善悪をなくせ」です。

そもそも、50次元や宇宙には、善も悪もありません。

ところが、これまで人類は、脳がつくり出した善悪二元論に囚《とら》われて、そのため無用な対立や争いが絶えることがありませんでした。

善や悪は、時代や地域、人や立場によってコロコロ変わる不確かなもので、そんなものに頼っている限り、必ず不調和が生じ、愛と調和の世界など築けるわけはないのです。

そこで、これからの時代の物事の基準となるのは何かというと、「魂が震えること」です。

つまり、あなたの魂が震えることが、宇宙から見た善であり、正しさだということです。

あなたの魂が震えれば「善」で、あなたの魂がしぼめば「悪」なんです。

地球的な基準では、人間の集合意識が認めているのが「善」で、認められないのが「悪」です。

ですから、これからは、今までの地球的な善悪は無視してください。

無視するということは、「これは善、これは悪」「こちらが正しい、あちらが間違っている」などという脳の雑音には耳をかさないことです。

脳の雑音は、過去の常識とされてきたものや世間体、つまり人の目や評価に基づいた「他人の声」であって、自分自身の本当の声、つまり魂意識ではありません。

そんな脳の雑音が消えるとどうなるかというと、あなたの魂意識が起動し始めます。

そして、理屈抜きに魂が震えてくる、まさにそれこそがあなたが望んでいる「善」です。

反対に、あなたの魂が震えない、しぼむものが、あなたにとっての「悪」です。

これが、宇宙から見た自分基準です。

今までは、世間体という他人基準で物事を判断したり、行動していたのを、自分の魂に基づいて判断し、行動すればいいのです。

宇宙から見たら、自分の魂意識こそ、この世の常識や世間体以上にはるかに重要だからです。

したがって、あなたが何かをやろうとするとき、人の目や脳の雑音は無視して、あなたの魂が震えることだけをやってください。

それがあなたにとっての善であり、宇宙から見た正解なのです。

大宇宙大和神の教え・その3
「次元を上げるにはこの世的な人間関係のしがらみを断つこと」

大宇宙大和神の神が50次元で説く3つ目の教えは、人間関係の「しがらみ」を断つことです。

しがらみというのは、自分の家族やパートナー、職場や取引先などの人間関係などにまつわるエネルギー的な浪費のことです。

ほとんどの人が、この世的な人間関係のしがらみに囚われて、自分の魂意識や宇宙・高次元とのつながりが弱められていて、最もそのブロックが生じやすいのが家族です。

ようするに、今の地球では、家族関係が一番高次元とのつながりをブロックしている要因になっている、ということです。

なぜなら、家族のために自分を犠牲にするのは当たり前という考えが地球人の観念（道徳観など）であって、それが世間体のベースになっているからです。

自分を押し殺し、世間体を気にしながら家族に合わせる、それがこの世の善になっている。

宇宙から見たら、この考え方、集合意識が、高次元との間のエネルギーブロックになっているので、そこを根本的に変えていく必要があります。

1人ひとりが、自分の魂の望むことを最優先する、それが高次元とのつながりを強めるのです。

とはいえ、何も家族を粗末にするということではありません。

家族が大事だからといって、自分を犠牲にする必要はまったくないし、世の中から教えられたことはあくまでこの世の処世術に過ぎない、ということです。

それよりも、自分の中にある宇宙の叡智のほうがよっぽど役に立つし、自分にとっての幸福をもたらしてくれるのです。

家族とは、先に生まれた者が、後から生まれてくる者のために「この世での生き方」を教える集団です。

つまり、宇宙・高次元で羽ばたくための教えではなくて、この3次元（低次元）で生きるための教えを子や孫に伝えていくのが家族の基本的な役割だということです。

「健康になるためにちゃんとこれを食べなさい」「そんなことしたら罰が当たるわよ」「嘘をついたらダメよ」「知らない人について行かないようにね」などといった教えは、低次元でしか成り立たないことですが、それを教えるのは先に地球に誕生した者の務めでもあるからです。

しかし、宇宙の教えは、「あなたの魂はすべて答えを知っている」「あなたはあなたの魂に基づいて生きていけばいい」というものなので、ムリに家族の考えに従わなくてもいいし、むしろ執着やしがらみがないほうが魂の望みを叶えられやすいのです。

この世の処世術を学ぶのは、会社の人間関係なども同じです。

会社は、利益を追求するための機能集団ですから、社会で生き残っていくために、会社の決め事をひたすら守っていくしかありません。

そこには、自分が宇宙・高次元で羽ばたくための教えがあるわけではなく、むしろそれとは逆の考えが多く、常に競争にさらされて不安やストレスを抱えることから、それだけ魂意識や高次元とのつながりが弱まってしまいます。

これが人間関係のしがらみであって、常識や世間体という脳の雑音をつくり出す根本原因です。

ですから、家族と同じように、そこにどっぷりとつからないことがとても重要で、宇宙から見たら、できるだけしがらみを断って、エネルギーを低次元化しないように自分自身をキープしていく必要があります。

このように、この世の人間関係は処世術を学ぶ1つの経験に過ぎないのに対して、大宇宙の50次元の教えは、普遍的な生命の原理を伝えるものです。

生命の原理は、自主独立（自己決定・自己責任）が基本です。

そして、それぞれが魂の個性（天賦の才・宇宙の叡智）を思う存分に発揮しながら、かつ、多様なもの同士が自由にゆるやかにつながっていくことです。

もちろん、そこには、依存や執着を生むようなしがらみはありません。

そのように、地球人類の次元を上げるには、この世的な人間関係のしがらみを断つ――これが3つ目の大宇宙の教えです。

大宇宙大和神の教え・その４
「子供に負担をかけず、最期は枯れ葉が散るように穏やかに逝く」

４つ目の大宇宙大和神の教えは、「ギブアンドテイクや親への恩返しも必要ない」ということです。

どういうことかというと、地球では何か施しを受けたら施し返すのが常識とされているのに対して、宇宙的な規模で見たら、自分が施したければ施すだけで、お互いに見返りは求めないということです。

例えば、地球では親への恩返しが大事だとされていますが、これは宇宙的な教えとは違います。

特に日本人はよく、「これまで生み育ててもらった恩返しとして、最後まで親を看取らないといけない」などと親の介護は子供の責務という考えが支配的です。

しかし、宇宙から見れば、あなたが生まれたこと自体が、すでに親への恩返しな

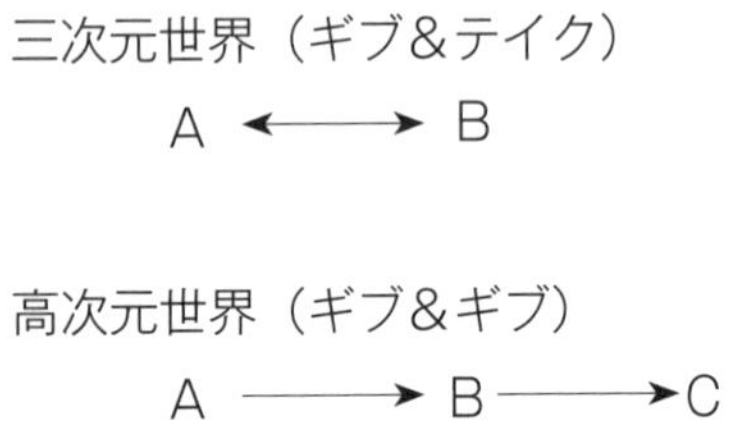

図3　エネルギーの動き

のです。

一番大事なのは誕生であって、この世に生まれてきただけで親への恩返しができているのです。

なので、親からすれば、自分の子供が生まれてきてくれたことがすでに恩返しだと知ることが大事で、それ以上子供に何かを望むことは、宇宙の教えとは反します。

「育ててやったのだから、面倒を見てもらうのは当然」という考えは、宇宙的に見ると単なるわがままで、ナンセンスだということです（図3）。

人は、年老いたら、自然の理に沿って病気を受け入れて、未練を残さずに他界するのが宇宙の教えです。

そんなふうに素直に生きていたら、病気になったとしても苦しまずに穏やかに死んでいけます。

だから、親も子供に依存したり、いつまでも負担をかけずに、穏やかにこの世を去ればいいのです。

宇宙のエネルギーは、物質として生まれて、やがて消えていくだけです。

死ぬのを恐れるのは、その法則に逆らおうとしていることに他なりません。

だから、苦しくなったり、未練が残ることになって、結局、子供に負担をかけることになってしまうのです。

宇宙の教えは、子供はただ親の死を見守るだけでよく、親は子供に頼らず静かにこの世を去る、これが親子関係であって、そこに介護義務は入ってきません。

なぜなら、地球上では、自分がこの世に生まれて、自分の魂のやりたいことだけを一生懸命にやっていたらそれだけで精一杯だからです。

この点が、高次元の教えにおいて非常に重要なところです。

つまり、人のことまでケアできないし、親も子も自分の魂の望みを叶えることを最優先することが大事で、そうしないと、お互いに何のために生まれてきたかわからなくなってしまうのです。

したがって、親は子供を産んだら子供を1人前にする、それだけが親の義務。

そして、子供に負担をかけず、最期は枯れ葉が散るように穏やかに逝く――それが大宇宙大和神の教えです。

大宇宙大和神の教え・その5
「あなたの好きなようにやりなさい」

「ギブアンドテイクは必要ない」という教えは、友人関係にも当てはまります。

よくあるのが、友達に自分のことを好いてもらったり、評価してもらうために、本当の自分をごまかしたり、本音を隠して上手につくろうパターンです。

これは、自己犠牲というギブを与えて他者からの承認を得る、典型的なこの世の処世術です。

しかし、それは魂から出たものではなく、上辺だけのごまかしです。

そんなふうに自分をごまかすようになったのは、小さい頃から「みんなと仲良くやりなさい。ケンカしちゃダメ」という大人たちの命令に無条件に従ってきたからでしょう。

その結果、学校でも家庭でも、自分をごまかすことが常識になってしまったわけですが、このパターンは大人になってからもＳＮＳ上でもよく見受けられます。

脳がつくり出したきれいごとばかりを並べたて、自分の魂が感じたことを素直に表現できなくなっていて、お互いに「いいね！」をもらいたくてギブアンドテイクを求めているのです。

このような、自分の本心を抑えて相手に合わせる見せかけの予定調和は、宇宙の教えではありません。

したがって、大宇宙大和神の神の５つ目の教えは、「あなたの好きなようにやりなさい」「あなたの本当にやりたいことだけをやればいい」です。

なので、その人と本当に仲良くしたかったらそうすればいいし、そうしたくなければしなくてもいいんです。

つまり、友達をつくってもいいし、つくらなくてもいい。1人でいてもいいし、相手とケンカをしてもいいし、しなくてもいい。

それが、自己決定であり、自己責任ということです。それさえわかっていれば何をやっても本人の自由です。

ですから、これまでのように、他人の目を気にしたり、相手の機嫌を窺ったり、うまくつくろうことで自分をハッピーにするのはもうやめましょう。

周りの状況や反応は一切気にせずに、自分自身が楽で愉しくなることをやる、「ムリして友達をつくるな（増やすな）」「ムリして仲良くするな」ということです。

学校の教師や会社の上司など、年長者との関係においても同じことがいえます。

これまで地球では、自分よりも先に生まれてきた人や長く生きている人のいうことは素直に聞かないといけない、という風潮がありました。

しかし、逆にいうと、年長者は「これまでの次元の中で、ただ脳を膨らまして生きてきただけの人」ともいえるわけです。

3次元的な、どうでもいい知識やこの世の処世術がうまい、つまり、出世やお金儲けには長けていても、高次元とは全然つながっていない、そんな人のほうが圧倒的に多いのです。

そんな人たちのいうことにいくら素直に従っても、自分の次元を上げることはできないし、あなたの魂意識が目覚めることもありません。

むしろ、長い間脳だけで生きてきた人のいうことを聞けば聞くほど自分のエネルギーが下がるので、そんな人たちのいうことは聞かないほうがいいんです。

それとは反対に、社会的な評価や体裁はよくなくても、「自分だけの世界を確立している人を尊敬しなさい」というのが大宇宙大和神の教えです。

みんなから「あの人はすばらしい」と称賛されている人よりも、「アイツは変人だ」「アイツは宇宙人みたいだな」などといわれている人間こそ大事にしたほうが自分のエネルギーも上がるし、社会全体にとっても次元が上昇しやすくなるのです。

本人の意思を無視して無理やり生き長らえさせることは、大宇宙大和神の教えに反する

このように、次元が上昇するということは、これまでの常識がひっくり返るということです。

例えば、今までの地球では、寝たきりの親を何年も介護している人や福祉活動に携わっている人たちに対して、愛情深い人だと感心したり、高い評価を与える傾向がありました。

しかし、大宇宙や高次元から見たら、人には優しさと厳しさの両面が必ず必要で、ウエットな面だけでは次元が低いことを意味します。

地球のような中途半端な次元だと、優しさだけを強調して、厳しさが不足してい

るのに対して、高次元になると、優しさと厳しさの両方が求められるのです。

なぜなら、人に対して優しいだけなら、相手の人が本当に望んでいることや魂が穏やかになるチャンスを奪ってしまうことになりかねないからです。

例えば、年老いて「食べられない」「歩けない」「眠れない」といっている人に対して、何としても食べさせないといけないとか、歩かせようとすることは、宇宙から見たら、本人の意思を無視した独善的な介入です。

宇宙レベルでは、そのような義務はないので、本人が食べたくなければ食べなくていいし、食べたければ食べてもいい、つまりどちらでもいいことです。

もし、食べられずに亡くなったとしても、それが本人の望みであり、魂にとって一番穏やかな死に方だからです。

そのように、昔は、枯れ葉が散るように静かに死んでいくのが自然だとされていました。

以前、私が長野県に行ったときに姨捨山《おばすてやま》に立ち寄って、そこで感じたのが、老人を穏やかにしぼませてあげる社会の厳しさでした。それが、昔は普通にあったということです。

つまり、優しさだけではない、自然の厳しさが人間にも必要で、そのような自然の摂理に基づいた成熟した社会の構築が、これからはますます必要になるでしょう。

そんな自然の厳しさに対して、今の医療や介護・福祉は、まったく逆行しています。

自然にしぼもうとしている人間を無理やり延命させようとすることばかりやっている。

だから、医療も介護もひっ迫して、みんなで共倒れしそうになっているのです。

それは一見優しさに見えますが、本音は、世間や周りの目が気になって、自分が冷たい人間だと思われたくないのです。

そもそも、福祉はビジネスになっていて、本人が望むと望まないとにかかわらず、儲け目的になっているので、「自然な死」を迎えられたら困るのです。

これでは、本人の魂が穏やかなはずはありません。

本来、自然に任せていれば大往生する人を、無理やり生き長らえさせることは、宇宙の教えに反します。

宇宙や自然の生物は、食べたくなかったら食べない、動きたくなかったら動かない、そのように、穏やかに逝かせてあげるのが常道で、今のような延命医療や介護は明らかに余計な介入をし過ぎています。

人は必ず死にゆくもので、長寿であること＝幸せなのではなく、本人が今、幸福を感じているかどうかが一番大事です。

なので、もう生きていたくない人に対しては、介入せずに看取る勇気が必要です。無理な延命処置をしなければ、本人ももっと穏やかに過ごせるし、家族も無理せず平穏に過ごせるはずです。

助けるべきではない人間を助けて、余計なところにお金と労力を使いながら、もっと気づかないといけない自分自身の魂をほったらかしにしてきたのは、ただただ世間体におびえながら生きてきたからでしょう。

このことは、コロナによる自粛生活やマスク習慣を見てもわかりますが、もういい加減に世間体という同調圧力から解放されないと、さらにもがき続けて自滅することになるだけです。

大宇宙大和神の50次元の視点からいうと、介護の問題は、原則的には「放っておけ」です。

宇宙・生命は、1人ひとり自分のことに専念して、自分のこと以外は放っておきなさいなんです。

だから、自分以外の人間に対しては余計な介入や感知をせずに、ただ見守るだけでいい。

こういうと、反発する人も多いでしょうが、これが生命の根本原理です。

生命の原理に基づくならば、自分のことだけにフォーカスして、自分を愛して、自分をケアする、そして、他人を中傷したり、感知せずに、見守るだけで充分です。

大宇宙大和神は、今、最もこの点にフォーカスしています。

宇宙生命は、自分の魂の望みを実現することで精一杯

何としても自分は長生きしたい、親を長生きさせたいと延命にこだわる理由の1つが、肉体がすべてという考えに凝り固まっているからでしょう。

魂の存在を認めていない人ほど、肉体に固執するのです。

しかし、大宇宙大和神の観点から神が教えるのは、「あるがまま、自然のままの自分を、自信をもって生きなさい」ということです。

この点がすごく大事で、「魂は肉体を離れてからが本番！」ともいえるのです。

大宇宙大和神が教えるのは、

肉体という着ぐるみを着て地球に生きているのは、

ただ演劇を楽しんでいるようなもので、

やがて、誰もがその演劇を終えて、本来の穏やかな自分に戻る、それは肉体を脱ぎ捨ててからですよ、ということです。

このことがわかっていないから、死を恐れるのです。

死を恐れているうちは、次元上昇できずに、いつまでももがくことになります。

しかし、これからは、もうもがかなくてもいい時代です。

それなのに、宇宙から見たら、いまだに助けるべきではない者を助けている、その幼稚さに気づきなさいということです。

このことに気づかない限り、地球人は宇宙に逆らったまま、大宇宙大和神の教えに逆らって、地球だけの「善」で生きようとしていることになるのです。

先ほど述べたように、子供は生まれただけですでに恩返しをしています。

ですから、あとは自分の魂、宇宙の叡智に従って自由に生きていけばいい、それ以外、子供に義務はありません。

ところが、これまでの20~30次元の教えでは、「もっと親を大切にしなさい」「自己犠牲は美しい」「ボランティアをすべき」「恩返しができない人間はダメ」などということばかりいわれてきました。

しかし、宇宙生命は、自分の魂の望みを実現することで精一杯で、そのことしか興味がありません。

それなのに、自分のことは諦めて、親の介護疲れで今にも倒れそうになっている人たちがたくさんいます。

第4章

無意味な習慣をやめ、高次元DNAを目覚めさせよう

「魂の抜け殻に執着するのをやめなさい」「過去にすがり、悲しむのをやめなさい」

大宇宙大和神の観点から見ると、他にも地球にはおかしな習慣があって、葬式もその1つです。

前述したように、死は魂が肉体を去るだけなので、葬式は無意味で、そもそも必要ありません。

なぜ亡くなった人の遺体＝魂の抜けた着ぐるみの周りに集まって、わざとらしくみんなで悲しい顔をしながら、どうしてお金を集めないといけないのか？

宇宙的にいえば、これはかなりバカげた儀式です。

死んだら魂が抜けて宇宙へ還るだけなのに、「ちゃんと葬式をやらないと魂は浮かばれないだろう」と思い込んでいる、つまりそこには無知があるのです。

魂は形には捕らわれない自由体です。しかも、葬式をしないと世間体が悪いとか、死んだ人に恨まれるなどとはき違えているのは、地球人だけ。

ここでも、お金とエネルギーの使いどころを間違えています。

では、死んで魂になったらどうなるのか？　というと、こんな感じです。

まず、個の感情が薄れていき、降りてきた次元を順に遡《さかのぼ》っていきます。

そして高次元まで戻って、魂だけの姿になって、地球の自分の姿を見ます。

そこで、自分が肉体を離れた後の周りの様子を確認するのです。

そして、「その場には誰もいてほしくない」というのが魂の望みです。

なぜ、その場に人間にいてほしくないのか？

その理由はただ1つ。葬式に参加するほとんどの人間が魂と言動（脳）が異なっているからです。

つまり、表面ではいくら悲しんでいるように見えても、魂では別のことを考えていて、亡くなった人にはそれが筒抜けなのです。

本心ではまったく逆のことを思っていても、建前では「惜しい人を亡くした」と悔やんで見せたり、お涙ちょうだい的な思い出話でいい人を演じている人が多い……。

これはその人たちの魂が濁っているからで、そのため、高次元の意識から見たら、人が集まれば集まるほど、そのエネルギーが黒ずんで見えるのです。

だから、亡くなった魂からすれば、儀礼的な葬式などはしてほしくないし、墓もいらないのです。

この世を去るときには、誰にも知られずに山の中でひっそりと死ねれば、どんなに穏やかで幸せか、ということです。

また、墓をつくって参られなくても、魂がどこでも自由に行き来できるようになるので、墓がなくても全然かまわないのです。

ようするに、大宇宙大和神の観点からいえば、

魂の抜け殻に執着するのをやめなさい、

過去にすがるのをやめなさい、

新たな旅立ちなので、悲しむのはやめなさい、ということなのです。

人を助けるなどという前に、まず自分自身を魂の喜びで満たしなさい

死は、魂にとっての新しい門出です。

ですから、自分の葬式で人に悲しまれるほど哀れなことはありません。悲しまれると、それだけ感情が引っ張られて重荷になるので、魂が高次元まで上がろうと思っても上がれずに、低い霊界に留まってしまうことになるのです。

宇宙から見ると、魂が地球に生まれるときはチャレンジャーで入って、死はこの世の人生を終えるときのセレブレーション（祝賀）です。

したがって、大宇宙大和神がいうには、死ぬのは悲しいことでも悪いことでもない、宇宙から見たら「すばらしい善であり、祝福である」ということです。

今こそ人類は、このことをはっきりと知るべきです。

もしどうしても葬式をやりたいなら、真っ黒な色に囲まれてやるのではなく、祝賀会のように明るい雰囲気の中で、新たな旅立ちを祝う会としてやったほうがよくて、そうすれば旅立つ人も嬉しいでしょう。

35次元のブッダがいうには、そもそも、葬式をしたり供養のための法事を催しなさいなどとは誰も教えていないそうです。

葬式や法事などの儀式は、後世の信者たちが勝手にやり始めただけです。

では、死んだ人に対してどういうふうにしたらいいか？　というと、
ブッダにいわせれば、

「何も祈らなくてもいい」「亡くなった者に干渉するな」です。

大半の人は、ブッタなら「亡き魂に対して祈りなさい」くらいのことをいうと思うかもしれませんが、低い次元の人間にいくら祈られても何の得にもならないのです。

肉体を離れることで執着から解き放たれるので、スーッと高次元に上がっていくためにも他者は干渉しないのが礼儀です。

つまり、死者に対しては、何も干渉せずに放っておく。ただ、見守る。

これがブッダからの伝言で、もちろん、さらに高次元の大宇宙大和神もそれに同意しています。

ついでにいえば、亡くなった人だけでなく、生きている人に対しても余計な干渉をしないのが宇宙の教えです。

例えば、よく「何月、何日、何分にみんなで一緒に祈って、地球や宇宙の波動を変えましょう」などと呼びかけている人がいます。

祈ること自体は悪いことではないですが、脳の中の思考を全員で共有しているだけでは、何の変化ももたらしません。なぜなら、それは宇宙の望みではないからです。

人間の思考の力は、ある程度のことなら実現できますが、いくら大勢の人たちの思考を寄せ集めてみても、地球や宇宙的な現象までを変えることはできません。

大事なのは、脳を介する祈りではなく、脳を介さない魂の祈りです。

したがって、たくさんの人の脳を使う祈りよりは、1人で魂の祈りを捧げるほうが断然実現しやすいのです。

これは、宇宙から見たら、脳の判断に基づいて他人に何かを施すよりも、自分の魂を喜びで満たすことのほうが次元が高く、より重要だということです。

ですから、大宇宙・高次元の教えは、「まず自分自身を助けろ！」です。

自分自身が満たされていなければ、自分以外の人を助けようがありません。

自分を助けるということは、魂が震えることをどれだけやっているか、ということです。

その意味では、自分を助けられてない、自分の魂を喜びで満たしていないのが、今の地球人です。

だからこそ、大宇宙大和神は、「人を助けるなどという前にまずそこをやりなさい」といっているのです。

そこで、50次元の大宇宙大和神から見て大事になってくるのが、意識の「ゆとり」です。

つまり、ゆとりを持っていないと、脳ばかりが優先して、魂意識が表に出にくくなってしまう、反対に、ゆとりがあれば魂の望みが明確になって、それに集中できるということです。

これまでは、「子供は親に恩返ししないとダメ」「親の介護は子供の務め」だという世間体に囚われて、宇宙の自分とつながれずにもがいてきた人たちがたくさんいました。

しかし、これからは「本来の自分になりなさい」「あなたの魂の望みを叶えなさい」という50次元の教えがあなたを後押しします。

ですから、あなたが人間関係のしがらみをスパッと切れれば、あなたが生まれてきた本当の意味を知って、あなたの魂が望む人生をもっと楽に、愉しく生きられるようになるのです。

悲惨なことや争い事が起きても、そこには何かを学ばせる役割・使命がある

ここまで、50次元の大宇宙大和神の教えについてお伝えしてきましたが、この新たな教えをこうして地球の皆さんに伝えるまでは、天照大御神《アマテラスオオミカミ》による教えが中心でした。

私ドクタードルフィンが、令和２（２０２０）年に真の天照御大神を覚醒させたのもそのためです。

詳しい経緯は『卑弥呼と天照大御神の復活』（青林堂）に書きましたが、それまで天照大御神と思われていたのは、実は、饒速日命神《ニギハヤヒノミコトカミ》でした。

1万年前の縄文時代に、私ドクタードルフィンにソウルインした大宇宙大和神が

見守る中で、弥生時代に入って統一政権ができ、神武天皇《じんむてんのう》が即位したときから天照御大神と見せかけて饒速日命神が祀られるようになったのです。

そこで、大宇宙大和神は「これは危うい、真の神を起動させないといけない」と考えて、紀元前１２００年に、自分よりも少し下の次元の天照を遣わしました。

そして、紀元前８５２年から第１代卑弥呼《ひみこ》に引き継いでいくことになったのですが、天照御大神も卑弥呼も太陽をシンボルとした教えを残しました。

なぜなら、地球人が神として信仰しやすいのは自然であり、その中でも一番尊いとされたのが太陽で、その太陽を天照信仰と重ね合わせたのです。

つまり、大宇宙大和神が、地球人類が太陽を信仰するように仕向けたことから、天照信仰が始まったということです。

当初の教えとしては、「人間は清い心を持て」「他人を欺いてはいけない」「自然と共に生きろ」「自分の中の善を大切にしろ」「人を傷つけてはいけない」「いつも祈りなさい」といった、３次元で平和に生きていくうえでの初歩的な教えでした。

その後、卑弥呼の登場によって、実際に天照御大神からのメッセージを降ろすようになり、その頃から徐々に今の神道が出来上がってきたのです。

天照御大神の教えは、そもそも、人間の行い、言動はこうあるべきだ、という生き方の規範となるものでした。

そして、その後も宇宙のいろんな次元の神々が降りて来てそれぞれの役割を果たしましたが、いずれも、天照御大神以下の神々は「これは良いこと、これは悪いこと」と人としての善悪について教えてきたわけです。

つまり、人類に対して「決して悪いことはしてはいけない」という教えを伝えてきたのですが、現実には、人間は良いとされることよりも悪いことをしてしまうようになりました。

それは、魂ではなく脳で善悪を判断してしまったためで、そのため高次元とのつながりが断たれ、俗的な幸せだけを追い求めるようになったからです。

前述したように、本来、宇宙から見た善というのは魂が震えることで、それがイコール高次元とつながることです。

そうでないと、本来の心地よい領域に入れません。自分の魂が震えることが善で、そのような心地よい領域に入ると、俗的な幸せは一切関係なくなります。

ところが、脳で善悪を判断し、魂の望みを無視していると、必ずや不満や不平が積もってきて、結果的に悪に走りやすくなるのです。

これが今までの教えの限界です。

そこで、天照御大神よりも次元の高い50次元の神、すなわち、大宇宙大和神が今、この世に降臨して、大宇宙の教えを伝える必要があったということです。

その教えを一言でいうなら、

世間体や常識に基づく善悪ではなくて、

「あなたの本当にやりたいことをやっていればよい」ということです。

自分のやりたいことを、素直に、トコトンやっていれば、最初は非難されたり、多少周りに迷惑かけたとしても、必ず感謝されるようになります。

極端にいうと、例えば、人を殺《あや》めたとします。

そうすると、この世においてはもちろん裁きを受けるでしょう。

ですが、その出来事によって、周りの人たちに対して命というものが何なのかを学ばせる役割があるのです。

その意味で、一見、どんなに悲惨に見えることや争い事が起きたとしても、そこには何かを学ばせる役割・使命があって、それが新たなものを生み出す原動力となるのです。

魂の大切さを学ばせるために、これまでは神々の世界でも分離や仲たがいがあった

どの魂にも、その魂しかできない役割があります。

大宇宙大和神の視点から見れば、伊弉諾神《イザナギノカミ》、伊弉冉神《イザナミノカミ》を仲たがいさせたのも宇宙

の采配です。

あえて、神々を仲たがいさせる、つまり、分離することによって魂の大切さを学ばせるためです。

つまり、1つは黄泉の世界、もう1つは現世に分けたことによって、一旦は離れ離れに引き裂かれたように見えても、魂そのものは生きていて、また死んでからも融合できるということを人々に学ばせるためです。

一旦、分離してから融合させることを託されたのが、菊理姫神《ククリヒメ》でした。「神よ、あの分離したままの二人をうまくつないでくれ」と。

木花佐久耶姫神《コノハナサクヤヒメ》が石長比売神《イワナガヒメ》と仲たがいしていたのも、宇宙の仕業です。

本当は目に見えないものこそが大事なんだということを、人々に学ばせる必要があったからです。

さらにいうと、地球《ガイア》は私たち人間と同じ生命エネルギーであって、生命はどんな形態をとっていてもその本質は同じである、ということを学ばせるために、神という存在がいるのです。

大宇宙大和神以下で最も位が高いのが天之御中主神《アマノミナカヌシ》で、天之御中主神はほぼ直接地球人に介入せず、善悪についても極力教えることなく、冷静に見守るだけでした。片や、宇宙の采配によって地球に積極的に働きかけたのが、天照大御神です。

ところが、卑弥呼本に書いたように、真の天照大御神が隠れていたために、それより下の神々が本来の宇宙の役割通りに動かずに、そのため人間界も混とんとした時代が続きました。

この点が重要で、神のエネルギーと人々の集合意識が一体化しているために、例えば山の神が乱れるということは、それを信仰している人たちの心が乱れるということです。

真の天照大御神が宇佐から出たのが令和2（2020）年の3月15日なので、まだ、下位の神々たちは本来の宇宙の働きをしていないものもいます。

そのような神々が、欲深い人間に対して「お前を金持ちにさせてやる」「出世をさせてやる」「お前の欲しいものを与えてやる」などと脳による祈りを煽っていますが、そうしたことは本来の神の教えとはまったく違います。

だからこそ、今回、大宇宙大和神が出て、全ての神を覚醒させることになったのです。

大宇宙大和神が世に出て、神々を開いていくと、その下位の神々が変わるので、人々の集合意識も変わって人間たちの意識が変わってきます。

そうすると、神社に行っても、自分の欲や叶えてほしい願い事を祈らなくなるのです。

そして、誰もが神社を大切にするようになり、祈る内容がガラっと変わります。

「お金持ちになりたい」とか「出世をしたい」などといわなくなって、自分はしかるべき体験をさせていただいて「この体験を通して心が穏やかになりますように」「ありがとうございます」と、ただ感謝を伝えるようになるでしょう。

今までは神社に自分たちの願いを叶えてほしくて行っていたのが、これからは感謝を伝えて、さらに自分の進化をサポートしてくれる神様をいたわるようになるのです。

「どうか神様、お幸せで穏やかに」と!

日本人の本当の良さ・美しさがまだ海外には知られていなかった

そんなふうに、日本人が、自分のことよりも自分たちの大元である神様のことを考えられるように次元がアップする——宇宙から見たら、それこそが本来の美しい日本の姿です。

そのような美しい姿を日本人が取り戻すと、外国の人たちが一気に敬意を払うようになるでしょう。

海外では、神は絶対的な恐れる存在であって、神様の平穏を願えるというのは、とても次元が高い人間の証拠だからです。

本当の日本人のすばらしさはそこにあるのですが、それが天照と共に封印されていたために、日本人の本当の良さがまだ海外には知られていなかったのです。日本人が、自分のことを祈らずに、自分の大元の神をいたわって感謝するようになると、すごく霊性が上がります。

これが大宇宙大和神としての望みであり、教えです。

大宇宙大和神の50次元から見ると、縄文時代から弥生になって争いが起きるようになり、やがて永い時代を経て、やっと愛と調和による「弥勒の世」がやってきたということです。

それまでの日本は、永い間鎖国をしたり、外国との戦争に敗れるなど大変な出来事もありましたが、それは大宇宙大和神から見ると、日本人のメンタリティー・精神性は世界で一番高いからこそ、あえてそのような経験をさせられてきたのです。

いわば、ずっと日本の神性を封印してきたわけで、そこで再び日本を開くために、第二次世界大戦を起こさせて被爆と敗戦を体験させたということで、宇宙的な視野で見たら、これらはすべて宇宙の采配なのです。被爆や敗戦を味わうことで、日本を本当の神国に目覚めさせ、世界の最高のリーダーにする、だから負ける必要があったということです。

ところが、敗戦後、自国のすばらしさに気づく時期に入ったものの、そこからアメリカをはじめとする外国至上主義になってしまいました。

「どうせアメリカや中国にはかなわない」という弱腰のスタンスで、属国になる道を進んでしまったために、宇宙は「何をしている、日本人よ、早く気づきなさい！」と怒っているのです。

あなたの高次元ＤＮＡが目覚め、「スーパーハピネス遺伝子」が起動する

本来、世界で最も霊性の高い日本人が目覚めて、

新しい時代の世界のリーダーにならないといけないのに、なかなか目覚めようとしない。

そこで、人間だけに任せていてはダメだということで、しびれを切らした宇宙がいよいよ直接介入することになり、まずは天照大御神を復活させた。

しかし、それでもまだ弱い……。

ということで、今回、大宇宙大和神が出て、完全に世直しをして、弥勒の世を開くことにした、ということです。

大宇宙大和神が出ると、まず日本が一気に次元上昇します。

しかし、それによって、日本は諸外国から変人・変態扱いされます。

「日本はいったい何を考えているんだ？」「まったく非常識だ！」「日本はどこに向かっているのか？」などと非難を浴びることになるでしょう。

でも、ここが、日本の踏ん張りどころです。

他国の批判や評価は一切無視して、自分たちの信念と霊性に従って、ただただ突き進む。

半年ほどそれをやり続けると、徐々に世界の目が変わってきて、

生まれ変わった日本の姿を通して、これまでになかった愛と調和の世界があることを知り、目を見張ることになるでしょう。

これが、オリンピックが1年延期になった理由でもあります。

次のオリンピック・パラリンピックは、生まれ変わった日本のすばらしさを世界に見せつけ、感じさせる絶好のチャンスです。

そのためにも、日本国民の意識の次元を上げる必要があって、コロナ騒ぎも含めて一旦すべて破綻して、立ち上がることが必要だったということです。

それには、この本が出て、日本人がこれまでのような「人の目」ではなくて、「自分の目」「魂の望み」によって生きられるようになった時に、オリンピックを成功させられる真の力を持つことになります。

それこそが、縄文以来封印してきた「霊性日本」「神国日本」の美しい姿です!!

このように、50次元が動けば、世界は全部ひっくり返ります。

大宇宙大和神が地球で目醒めるのは、大いなる宇宙の神が目醒めることなので、そうすると日本の民が変わるのと同時に、大宇宙大和神の分身である大いなる父のもとにあるキリスト教教徒たちも変わってきます。

もはや、自己犠牲などとはいわなくなって、自分に愛を注ぐようになってくるはずで、そのため、世界中の人たちも、これまでの脳の祈りではなく、これからは直に高次元の神とつながるようになるでしょう。

なぜなら、この本だけでなく、88次元とつながるドクタードルフィンがいままでにない高次元波長・波動・振動数を地球に下ろして、ネットでも発信し始めるからです。

テレビやラジオのように、88次元波動を地球に下ろしてオンライン発信していくので、ただ聴いているだけで、あなたの高次元DNAが目覚め、「スーパーハピネス遺伝子」が起動します。

次の章では、至高神・大宇宙大和神から地球人に対するメッセージをそのまま掲載することにしましょう。

第5章

大宇宙大和神から地球人へのメッセージ

語り主〝大宇宙大和神〟

人類よ、おのれの魂はわがままであれ。

ドクタードルフィン松久正は、そのつど、そのつど、常に真剣に生きている。

いわば、無邪気な子供のようなバカである。

魂が震えるようなことにしっかり尽力し、なんとしてもそれを実現しようとする能力がズバ抜けているのだ。

これは、魂的にわがままだということである。

脳のわがままや感情的なわがままは困るが、この「魂はわがままであれ！」というのが、50次元の教えである。

それがドクタードルフィンのやり方であって、だからこそ彼に弥勒の世を開いてもらうことにしたのだ。

私（大宇宙大和神《オオトノチオオカミ》）は、この本が世に出るタイミングを見計らって、これまでずっと彼を支え、動かしてきた。

1万年前に彼と同一体となって、現世で、医学部に進みたいという彼の意図にそって、アメリカに留学させた上で、医者として独立させたのも私である。

ドクタードルフィンは、現代医学の世界で10年務め、いろいろともがいてきたが、案の定、そこでは自分が理想としている世界は築けなかった。

彼がアメリカに留学するにあたり、教授といろいろやりあって大変だったこともよく承知している。

給料もないし、将来も見えない、しかし、そのようにもがかせたのも全部理由があったのだ。

また、彼がカイロプラクティックの世界大会に参加した時、当時自民党の幹事長だった安倍晋三《あべしんぞう》氏がやってきて2人が出会い、その後、幹事長室で1対1で対話したことも、偶然のように見えるがすべて宇宙の采配であった。

ドクタードルフィンは、そのままアメリカに残ろうとしたが、彼の父親が末期の癌になって日本に帰国することになり、その後、父を含め彼にとって最愛の人間3人を立て続けに亡くすことになったが、それもまた宇宙の采配である。

1人は彼の父親で、もう1人は慶応義塾大学医学部の彼の大親友で、父親と同じ年に亡くなった。

そして、彼の片腕となってカイロプラクティックを日本に広めようとしていた同年代の友、その3人が半年ほどの間に立て続けに亡くなった。

彼にとって一番大切にしていた人たちが亡くなったことは、最もダメージがあった。

であるがゆえに、それは彼にとって最も大事な試練となり、その一連の出来事があったからこそ、彼は日本に帰ることになったのだ。

これは、大宇宙から見たら、陰が強ければ陽も強い、つまり、陰極まりて陽となるということである。

大してエネルギーが強くない者や、大した仕事ができない人間に対しては、誰も叩かないのも、これと同じ理由である。

このように、宇宙には常に陰陽が混在しており、どちらも同時に存在していて、どちらも必然的な働きである。

私、大宇宙大和神の視点から見て、そこで大事なのは、地球のように「白黒はっきりさせればよい」という考え、つまり善悪二元論は宇宙の教えとは違うということである。

白黒をつけるために、自分の敵だと思う人間を徹底的に叩いていてきた、それがこれまでの世界であり、あなた方の３次元社会であった。

しかし、叩けば叩くほど、お互いに気づきあうことはなく、宇宙のように陰陽が融合することから遠ざかっていき、それでは到底、進化成長は望めない。

宇宙は、陰陽が融合してこそ進化・成長していくことができ、そこで自分の次元も上って高い所に飛べるようになるからである。

これまでの地球人類のように、陰陽、善悪の片方だけが遊離してしまうと、宇宙本来の姿でないので次元は低いままで、常に善だけを上に見て悪叩きをやっているだけで、融合することが一切なかった。

そのために、宇宙から見ていると、地球の色は、白くなったり黒くなったりして、いつもどちらかの色に偏っていたのだ。

しかし、宇宙ではいろんな色があるのが理想的な宇宙である。

例えば、赤や青などもあって、マーブルな色がきれいに渦巻きを巻いていているように。

もし地球がそのようなマーブルグリーンであれば、地震も起きないし、台風も起きない。

なぜかというと、エネルギーが流動的で、常に陰と陽が融合しあいながら循環しているからだ。

ところが、今の地球は陰と陽が交じりあうことなく固まっているので、エネルギーが滞って地震が起ったり、台風が起きたりする。

このように、宇宙から見たら、異質なもの同士が融合しあうことが自然であり、進化・成長を促す原動力となるのである。

融合は、自分とは違う反対の勢力、逆のエネルギーをいかに受け入れて、その役割を認めることが大事であり、その対極の融合によって不要なものが自然に消え去っていくのである。

そのように、破壊と創造が同時進行するのが融合なのだ。

これは、政治の分野でも同じである。

私がなぜドクタードルフィンに入り、彼を動かしているかというと、彼には、いらなくなったものをぶっ壊す力があるからである。

それは、与党も野党も同様で、現在の政治のシステムを根底からぶっ壊さない限り、人類は進化できない。

今の政治家たちがやっているのはままごとのようなもので、囲われた人形ハウスの中の与党室や野党室の中だけでうまく生きていくことだけを考えているからだ。

こんな幼稚な遊び事は全部ぶっ壊して、何もない所にまったく新しい家を建てられるリーダーが必要なのに、どの顔を見てもダメで、そんな光を放っている人物はどこにもいない。

高次元から見ると、そのような進化をもたらす人間は、松果体《しょうかたい》が光って見える。ところが、そのような人間は今までの世の中にはほとんど認められることはなく、いたとしても周りの人間もついて行くことができないでいた。

変化についていけない人間たちは、松果体が光っておらず、くすんだ色をしている。

それは、本来珪素《けいそ》でできている松果体が石灰化して、灰色に濁っているからだ。

宇宙から見たら、これは宇宙の叡智を受け取る能力が著しく低下していることになるので、大変残念なことである。

とりわけ、政治は松果体が光っている人間がリードしてかないと、人々の集合意識も低次元のままになってしまうので、特に影響が大きい。

そのような観点から見ると、今、政治家として動いている人間は全部ほとんどダメで、また名声や学歴、肩書などに頼っている人間ほどエネルギーが低い。肩書や名声によって人を評価する地球とは違って、宇宙ではそんなことはまったく通用しないのだ。

したがって、政治家に限らず、この世の一切の肩書を外した時に、いかにおもしろい人間か、いかにユニークな人間かというのが、宇宙的な視点である。なので、今までの低い世界でいくら活躍していたり、広く名が知られていたとしても、宇宙の評価はまったく別である。

むしろ、今までの低い社会の中にあって、大いに暴れたり問題を提起しながら孤軍奮闘してきた人間の方が望ましい。

なぜかというと、宇宙から見たら、乱れた地球でいくらまじめに仕事をしていても大した仕事ではないし、そこで問題を起こさずに従順に生きてきた人間は、それだけ低次元社会に適応しきっていたということだからだ。

一般的な地球人は、政治の知識や経験があったほうがいいとされてきたが、それはこれまでの次元の話で、これからはまったく逆である。

弥勒の世に向かって一気に次元が上がると、過去の知識や経験はまったく役立たず、3次元的な評価が邪魔をする。

したがって、政治家に限らず大企業の経営者や富裕層たちも同じで、彼らは自分たちを守ることで精いっぱいで、人類の進化につながるような新たなことは何もできないだろう。

そうなると、政治の分野では、これまでのように地盤・看板・鞄などがなくても、知る人ぞ知る独創的な人間が庶民の心をとらえ新しい時代のリーダーとなっていく。

今までの庶民は、肩書や脳で評価してきた人をリーダーとして担ぎ上げてきた。

だが、これからは、私がそのような低い集合意識をどんどん書き換えていく。

その結果、ドクタードルフィンのようにどんどん脳が委縮していき、宇宙の叡智を高いレベルで使える松果体人間が増えていくだろう。

宇宙では、30次元以上はどんどん脳が小さくなっていき、徐々に半透明になって、アルクトゥルス星人やアンドロメダ星人などはほとんど脳はない。

そのように、私、大宇宙大和神は、新たな人類の創造者となる。

地球人類も脳が小さくなって、ものごとを常識や固定観念で捉えずに、松果体を使って自分の直感で捉えるようになる。

頭を使わずに、何でも直感で捉えることで、自分をワクワクさせてくれる、自分をドキドキさせてくれる、自分を本当にハッピーにしてくれる感覚に瞬時に飛びつけるのだ。

これからは、そのような人間がリーダーになるだろう。

今までの学歴や肩書などの基準や影響がどんどんなくなっていって、例えば、中小零細企業の創業者や町の個人事業者などが地域のリーダーになっていく。

そして、知識や偏差値、学歴や肩書だけを誇ってきた人たちは大衆に相手にされなくなって、むしろ国民を怒らせたり、イライラさせるようなことを言ったりして、どんどん淘汰されていくだろう。

このように、私が人々の集合意識を書き換えることで、人々の生活全般も変わっていく。

例えば、食事も今までは「3食摂らないと健康にならない」とされてきたが、それは巨大利権を貪る勢力がそう仕向けただけのことである。

本来、人間の体は、それだけ腸を使うとエネルギーを浪費してダメになるので、1日1食か2食になっていく。

栄養素もほとんどいらなくなり、珪素を含んだものをよく食べるようになる。

体内の物質（原子）転換の働きで身体が珪素化していくので、これまでのようにたくさん栄養を取らなくてもすむようになるからだ。

運動に関しても、次元が上ってエネルギーが高まるので、それほど動かなくても元気で長生きするようになる。

そして、地球の家族の形態も大きく変わり、ドライな関係になっていくであろう。

「セックスをしないと子供ができない」という固定観念も薄れていき、セックスレスで子供を産む女性が増えることによって、エネルギーだけの受胎があり得ることが認知されるようになる。

そうなれば、これまでのように家族関係でがんじがらめになることもなくなって、個人個人がより自由になって、親や家族とも緩やかなつながりに留まり、年老いたら自ら幕引きをする。

つまり、生きることに執着せずに、しかるべき時が来たらさっさとあの世に還る、そのような楽で愉しい意識に変っていくだろう。

知識を詰め込むだけの学校は必要なくなり、それぞれが好きなことや得意なことを通じて自分の中にある叡智を開いていく。

そして、これからは、大人たちが子供たちの言動から学ぶようになる。

これからの時代は、自分の好きなことしかしない子供たちが、大人たちにその見本を示してくれるだろう。

かくて、ドクタードルフィンの指導のもとに、弥勒の世が開かれていく中で、今の80億近くの地球人たちの間で、魂のふるい分けが起きる。

次元が上昇する進化の波に乗ろうとする魂か、それとも進化の波に乗らない魂か、そのいずれかに分かれるだろう。

進化の波に乗ると、重力が減って、時間と空間のしばりがゆるくなるので、なりたい自分にすぐに変換できるようになって、何事もこだわらずに生きていけるようになる。

一方、進化の波に乗らない魂は、これまでと同じ次元のままか、さらにもがくことになるだろう。

それが問われるのは、おそらくあと3年の間だ。

その間に、あなたの意識をどこにセットするか、である。

100人いたとしたら15人、15%が予言された弥勒の世に完全に入っていくだろう。

そして、残り85％のうちの70％は、今のままの地球を選択し、これまで同様もがき続けることになる。

残りの15％は、完全に善悪二元の世界に囚われたまま、これまで以上に生存競争が激しくなり、どんどん次元が下がっていく。

このように、魂のふるい分けは、意識の次元上昇論ともいえる。

大きくわけると、
弥勒の世界に行く人たち（15％）、ここは過去からずっと弥勒の世界のように感じる。

これまで同様の人たち（70％）、ここはずっと同じようにもがいている。

さらにもがきが増す人たち（15％）、ここは最初から落ちているように感じる。

いずれにしても、自分がどの世界に移行したかは自覚できない、それがアセンションである。

50次元から見たら、今の時点ではこの３つの世界が見えるが、あと３年でその弥勒の世界に行く人たちを15%、増やすのも可能だし、減らすことも可能だ。

だからこそ、弥勒の世に入るためにはどうすればいいか、最後の15%に入らないためにはどうすればいいかを、この本を通してあなた方に伝えてきたのだ。

私、大宇宙大和神が人類に伝えたいもう1つの重要なことは、
これまでのように、あなたにとって都合がいい人やメリットがある人だけを大事にしたり、自分に好意を持ってくれる人だけを大切にするというのは、3次元の社会だけで成り立っている仕組みであって、高次元から見ると、あなたが大嫌いな人、あなたが受けつけない人も、あなたのことを愛している、ということである。

今までの地球では、自分にとって都合のいい人間とばかり付き合ってきたが、これは宇宙的に見れば、愛が弱い証拠。

宇宙的に見た愛とは、そんな次元の低いものではない。

仮に、頭ではいくら拒絶していたとしても、魂の奥底ではお互いに愛で通じ合っており、そこには好き・嫌いという感情的な分け隔ては一切ないのである。

これが、好き嫌いという低次元の感情に縛られている3次元の愛と、広大無辺な宇宙の高次元の愛の大きな違いである。

もう1点、付け加えておこう。

地球人は、理想を掲げて「こうなりたい」と強く願っているが、それでは、いつまで経ってもそうなれない、ということを知っておく必要がある。

宇宙的に見れば、「なろう」と思ったら、瞬間的に飛びついて「なる」のである。

そうなる時は、「なる」と飛び跳ねた時、だということだ。

これを知らないと、いつまでも低次元に留まったままで、次元が上昇することはない。

瞬時に自由に飛び跳ね、なりたい姿になってぷあぷあと遊ぶ、それが弥勒の世界なのだ。

最後に、今のあなたの弥勒度をチェックする項目をあげておこう。
あなたが弥勒の世界（15％の上昇組）に入るために必要なエネルギーをどれくらいもっているか？　ぜひあなた自身の意識を確認してみてほしい。

【弥勒度チェック項目】

1、悪を許せませんか？　Yes　No
2、人は平等であるべきですか？　Yes　No
3、自分が嫌いですか？　Yes　No
4、自分より世間体が大事ですか？　Yes　No
5、お金があることが幸せですか？　Yes　No
6、病気がないことが幸せですか？　Yes　No
7、家族のためには自分が犠牲になりますか？　Yes　No

8、常識や固定観念を大切にしますか？　Yes　No

9、自分の評価より、他人の評価で生きていますか？　Yes　No

10、死は最後、目に見えない世界は存在しませんか？　Yes　No

【あなたが所属する世界】

9～10個Ｙｅｓ →低い世界（次元が下がる）レベル

2～8個Ｙｅｓ→今までの世界（地球次元）に留まるレベル

0～2個Ｙｅｓ→弥勒の世界へようこそ！（次元上昇）レベル

第6章

これからの神様との向き合い方

次元の低い祈りでは神の恩恵は充分に得られない

大宇宙大和神《オオトノチオオカミ》からのメッセージを踏まえたうえで、これからの時代の「祈り」についても補足しておきましょう。

日本人に限らず、今までは自分より上のエネルギーの存在（神仏）に対して祈る場合、自分の願い事を叶えてもらいたい、ということが圧倒的に多かったと思います。

中には、私利私欲のない祈りを捧げている人もいるでしょうが、一般的には、個人的な願いを込める祈りが大半でしょう。

よくあるのは、「自分の病気が治りますように」「社会で成功しますように」「受験に合格しますように」「彼氏（彼女）ができますように」といったものから、家族の健康や病気の治癒、商売繁盛、合格祈願等々です。

そのように、現代の日本人は普段は神様のことは忘れていて、初詣や七五三、あるいは困った時や何とかしてほしい時などに限って神社に参拝して、祈願するのが一般的です。

縄文時代や昔の人は、山の神、海の神、火の神、太陽などの自然の神に手をあわせて生活の中に神の働きを感じていたのが、今は儀式的な形や困った時の神頼みになっているのです。

はっきりいえば、これは、自分や自分の家族のことだけしか願わない、自分と自分の家族が助かれば他のことはどうでもいい、という低レベルの感情です。

しかし、高次元の神はそういうことが大嫌いです。

神の本来の役目は、まず宇宙平和と地球平和、そして個の進化と融合、それを願っている人間をサポートすることです。

したがって、自分さえよければいいという人間の低俗な感情と、神の感情は相容れません。

神といえども感情も意思もあるのです。

地球にはさまざまな神がいます。ユダヤ教、キリスト教、イスラム教の神、日本の神道の神、インドの神、中国の神、いろんな神の名前がありますが、いずれにしても神にすがってきたのが地球人類のクセであり、長い間の習慣です。

何かピンチに陥ったり、重大な決断しないといけない時、あるいは助けやサポートが必要な場合などに、自分よりもエネルギーが高い存在（それを総括して神と呼びますが）に助けを求めてきたわけです。

しかし、これからの人類は、神への参り方、祈り方を大きく転換する必要があります。

それは、自分の頼みごとを祈るのではなくて、神の気持ちを考える、神の感情を推し測ることです。

つまり、あなたの感情や願い事を叶えてもらおうとするのではなくて、神の感情や神の望みはどこにあるのかを知ることです。

ここで、改めて皆さんにお伝えしておきたいのは、そのように、神という存在に対する自分の態度や心持ちがとても大事で、それがそのまま、神の恩恵を受けられるかを決定づけますよ、ということです。

ようするに、神社やお寺に行って、個人的な願望だけをただ祈っているだけでは、本当の意味での神の恩恵は得られないし、まして奇跡的な変化などは起きないのです。

たまたま願いが叶ったということはあったとしても、その恩恵はまず少ないでしょう。

なぜなら、神の恩恵は、その人の祈りの質、すなわち感情の次元に比例するからです。

したがって、自分だけがよくなりたいという低次元の感情や困った時の神頼みでは、神から得られる恩恵もそれだけ少なくなるということです。

とりわけ、弥勒の世を迎えるにあたって、神に対する祈りの意識変革が必要です。

これまで述べてきたように、神というのは、高次元のエネルギーの意識体です。

意識体であるということは、人間と同じで個性があります。

ただ違うのは、人間は1人の意識でできているのに対して、神というのは、何万、何十万、何百万、何億、何十億という集合意識が作り上げた高次元の意識だということです。

だから、圧倒的にパワーが違うわけで、1人の意識よりも1億、数百臆人の意識の方が断然に強いのです。

これまでも、高次元の神が3次元の人間をサポートしてきたのは確かですが、不十分でした。

しかし、今述べたように、祈りの次元が低いと得られる恩恵も少なく、これまでのようにただ願望を叶えてほしいとかすがるだけの祈りでは、充分な恩恵は得られないのです。

本来の高次元の神は、人間の願いを叶えるための存在ではない

これからは、祈りの次元を高め、神の恩恵を最大限に受けられるようにしていくことが大事で、今後、地球人類が、愛と調和、すなわち弥勒の世を築いていくうえで非常に重要です。

というわけで、本来の神とはどのような存在かについて、改めてお伝えしておきましょう。

そもそも、神という存在は、人間の願いを叶えるための存在ではありません。

皆さんが大きくはき違えているのは、まさにこの点です。

高次元の神というのは、ただ見守るだけの存在です。

先に述べたように、20次元から50次元までさまざまな神が存在していて、20次元くらいの神は「これはダメだ」「こうした方がいい」などとやたらおせっかいになります。

間違ったことはいっていないのですが、余計なお世話のようなことまで人間に伝えてきます。

片や、50次元の大宇宙大和神になると、ただ見守るだけです。

良い・悪いなどのジャッジもしません。その人にとってすべて必要な体験をしていることがわかっているので、価値判断をしたり、余計なお世話をやくこともないのです。

本人がそこに気づいて、学んで、進化・成長することをじっと見守っています。

サポートとしては、本人の背中をその方向にグッと押す、それくらいのことです。

そのように、本来、神というのは、願いをかなえるために存在しているのではなくて、
見守るために存在しているということをぜひ知っておいてください。

その点を踏まえたうえで、20次元から45次元までの神の特徴をいうと、
人間に対して、おせっかい心からつい説教やアドバイスをしたがるわけですが、

ある時には、本当のこともあるけれど、そうではない時もあったり、対象となる人間や状況が違うと、そのアドバイスは役立たないことがあります。

なぜなら、そこには人間と同じような「分離」という観念が入っているからです。

特に、おせっかいをやくのが得意な20次元から30次元の神は、個人的なお願い事をされると、つい嬉しくなって叶えてあげようとします。

そうするとその結果、ほとんどの人が、頼めば何でも叶えてくれるのが「神様」だと信じ込んでしまうのです。

今まではそのような次元の神を「神様」だと捉え、人間はその教えに従ってきました。

しかし、これからは、45次元以上の神とつながることによって、誰にでも、またどんな状況であっても適応される普遍的（宇宙的）な教えがもたらされることになります。

45次元以上の神は、人間の怠惰な願い事にはそっぽ向き、放置している

45次元以上の神は、「人間からお願いをされるとどうするか？」といえば、こうです。

「この者は、自分で体験をせずに、進化・成長する過程をスッポ抜かそうとしている。

地球人として一番大事な、気づきや学びを生み出す体験を積むことをズルして、自分の望みだけを求めるのか!?

せっかく、進化・成長するために地球に来ているのに、神の手助けを得て、それを避けてうまくすり抜けようというのは、お前のためにならない」という見方をします。

つまり、人間にとって怠惰な願い事は、45次元以上の神や大宇宙大和神はそれが

わかっているので、そっぽ向いて放置するのです。

このように、本当の神の愛は、個人的な願望を叶えるのではなくて、放置という形の見守りです。

本当に偉い神、力のある神は、「自分を助けてくれる」「自分を変えてくれる」神ではなく、見守りながら放置をする神です。

「苦しい、嫌だ、嫌だ！」ともがいている人間に対して、「それでいいんだ、そのままでいいんだ。そのままの自分を愛しなさい」と。

これは、大いなる神やジーザスも同じことを言っています。

「もがいているんだったら、もがいていていいんだよ」「悲しいなら悲しくていいんだよ」「思う存分それを味わって、そこから学びなさい」と見守りながら放置しています。

一方、低い次元の神は、何とかして人間を変えようとします。

「それはダメだ、そんな生き方をしていてはダメだ。こう生きろ！」とひっくり返す、そのようなやり方をするのが低い次元の神です。

そこで、弥勒の世に向けて、ぜひ皆さんにお伝えしたいのは、神社で祈る時でも、家の中で祈る時でも、自然の中で祈りを捧げる場合であっても、

自分の願い事ではなくて（低次元の祈りではなくて）、

「神様、ご機嫌いかがですか？　ご機嫌麗《うるわ》しくいらっしゃいますか？　いつも大変ですね」

などと神を気遣うようにしましょう、ということです。

そのように、神に対しても気遣える人間こそが、神からの恩恵を受けられるのです。

神にもパーソナリティーがあります。なので、ただ一方的に人間の願いを叶えるだけだったら、やがては衰退してしまうことになり、それでは存在自体が成り立ちません。

もちろん与えることをしますが、ただ一方的に与え続けるだけの存在ではない、ということです。

なので、「神様いつもありがとうございます、大変ですね。大丈夫ですか？　さらにパワーアップしてください」と感謝と労《いたわ》りの思いを捧げてください。

これが、これから時代の、神に対する祈りです。

そうした後で、自分の祈りを捧げるのであれば、神としても心地よく受け入れてくれるでしょう。

私は、いつも神に対しては、「穏やかで、幸福であられますように、いつもありがとうございます」と祈ります。

未来の選択肢、情報は、無限大の数がある

自分の願い事を叶えてほしいというのが、これまでの祈りの形でしたが、それと

同様な発想で、「(私の) 未来はどうなるの?」と、これから自分はどうなるかを教えてほしい、という欲求が強いのもこれまでの人類の特徴でした。

これは、未来に対する漠然とした不安があるからです。

ですが、大宇宙大和神の視点からいうと、

未来の選択肢、情報は、無限大の数があるのです。

ですから、「将来どうなるか?」ではなく、「どの情報を選ぶか?」が1人ひとりに問われているのです。

よく「あなたは将来こうなりますよ」などと透視する能力者がいますが、

それは、その人よりも少しだけエネルギーが高くて、少し先のことが見えるから、そのようにいっているだけです。

でも、しょせん、そのような狭い領域しか見えてないのです。

未来というのは、無限大に広がっているパラレルワールドの中の、どの世界を選ぶかで変わってきます。

高次元の神、大宇宙大和神はそのすべての領域が見えるので、どこを通っても最終的なゴールまで見通しています。

しかし、途中までしか見えない人が、

「あなたはこう行きなさい」「こう行くはずだ」「こう行くのがよい」などというわけです。

それは極めて近視眼的な見方であって、本人の進化・成長にもつながらないことが多いので、むしろ知らないほうがいいです。

大宇宙大和神なら、すべて見えているので、ただ見守りますが、次元の低い神では、不十分で、中途半端なエネルギーの人や存在に未来や来世を見てもらっても仕方ないし、それは過去生についても同じことです。

むしろ、いつも私がいっているように、誰とも関わらないほうがいいんです。

「地球人の友達、ゼロでーす」と、誰とも関わらない。それが一番自分のエネルギーを上げやすいわけです。

もし関わるとしたら、昆虫や他の動物、植物くらいがちょうどいいでしょう。

エネルギーが高まって次元が上がると、「〇〇になりますように」というような祈りはしなくなります。

過去・現在・未来において一切不安がなく、常に「今のままでいい」「今が最高」とわかっているからです。

ですから、未来を決める必要もないし、私のように自分自身の叡智に向かってただ「導きたまえ」だけでいい、それだけで充分で何も決めなくていいんです。

それが、最高の次元、一番エネルギーの高いところまで行く秘訣です。

その間にもし誰かの介入を許したら、その途端に低いところで止まってしまいます。

外に向かって声高に「世界平和」を呼びかけている人は偽善者と同じ

もう一点、大宇宙大和神の視点から見てピントがズレている点を挙げておきます。

それは、SNSなどで「世界平和、世界平和」とやたらに呼びかけている人たちです。

あの人たちのエネルギーは、決して高くはありません。

なぜなら、本当に世界平和を願っている人は、そういうことはいちいち口に出さないし、声高に人に呼びかけるような対外的な活動もしないからです。

私の場合は、やがて世界は融合して平和な弥勒の世になる、早くそうなる方向に向けて私なりの活動をしているわけですが、そんなことは当たり前のことです。

ようは、1人ひとりが内なる叡智とつながれば、その瞬間に融和社会が訪れるので、各自がそうしたいかどうかです。

ですから、「ぜひ一緒に世界平和を祈りましょう！」などと大々的に呼びかける必要もないし、もし「自分は正義なんだ」「自分たちはすばらしい人間ですよ」という承認欲求から発信しているなら偽善者と呼ばれても仕方ありません。

ようするに、本当に世界平和を実現したければ、「まずあなた自身の次元を上げなさい」ということです。

次元の低い人たちばかりが寄り集まって、いくら世界平和を祈ったり、叫んでみても、現実は何にも変わらないでしょう。

私にはそれが見えています。

自分のエネルギーが低いのに、その自覚がないまま外に向かって世界平和を叫んでいると、エネルギーのバランスが悪いので大きなミスマッチ感が出てくるのです。

「自分自身の次元を上げずして世界平和を唱えるなかれ」です。

きれいごとだけの偽善的な活動では何にも変えられません。本当に世界平和を導けるような人間は、ダントツにエネルギーが高い人間だけです。

宇宙から見たら「平等」「基本的人権」「平和」は低次元の神の教え

ここで、人類がずっと思い違いをしてきた「平等」「基本的人権」「平和」という概念についても、大宇宙大和神の視点からバッサリと切り込んでおきましょう。

まず、人類が理想として掲げてきた「平等社会」などというのは、どんなに望んでも決して達成されることはありません。

なぜなら、同じ人間同士だとはいえ、何事においても平等などということはあり得ないからです。

これをいうと、今の地球社会、全世界を敵にするかもしれません。

でも本当のことで、これは大宇宙大和神の50次元だからこそいえることです。

それぞれの魂意識は、自分の人生を自分で選んでいます。

それゆえ、他の人とまったく同じ、平等な人生なんてあり得ず、誰もが1人ひとり違っていて、裕福な人、貧しい人、優しい人、怖い人、いじわるな人、健康な人、病気の人、障害がある人、皆いていいんです。

誰もが違っている、不平等だからこそ、いいのです。

それを「誰もが平等ではなくてはならない」と思い違いをして、勝手におせっかいをやいて他人に手を差し伸べたり、可哀そうだからと援助をしたりして、自分が良い人ぶっているのは、宇宙から見たら、ただきれいごとに酔いしれている偽善者です。

また、地球人が絶対的な真実として疑わない「基本的人権」、実はこれもいりません。

これを言うと、国連も敵になるし、世界人類も敵になる。しかし、もう誰かがはっきりと言わないといけない時期がきたのです。

宇宙では「そのままで、何も変えるものはなし」です。生み出さなければ与えられない、ただ与えられるだけという世界は、宇宙にはありません。

宇宙はすべて自主独立です。

働くことで誰かに貢献している人はサポートを受けますが、働かない人は本人がそれを選んでいるので、黙って放っておけばいいんです。

それで本人が結果的に死んでいきたいのなら、死んでいけばいいだけのことです。

すべて、自由なのです。

ところが、地球上には、働きもしないで「基本的人権があるから、私も美味しいものを食べる権利がある」と主張する人たちがたくさんいます。

これは、自分の魂意識を否定して、脳という他人の意見に惑わされているだけです。

宇宙では、自分の魂意識が自分の宇宙をつくっているので、すべて自己責任です。

したがって、宇宙から見たら、自己責任を放棄しながら生活を保障してもらうという偏った基本的人権（生存権）は不要なのです。

また、「必ず平和な世界にしなくてはならない」というのも間違いです。

なぜなら、対立や争いによって、気づいたり、学ぶことがたくさんあるからです。

そもそも、悪が存在しない絶対的な平和というのは、陰陽一体を無理やり分離するようなもので、現実にはあり得ません。

それなのに、20次元の神が「いや、いや、人類は平和でなくてはいけない」などときれいごとをいってきたことから、人類はそれを真に受けてきただけのことです。

しかし、実際にはそんなきれいごとは通用しない。なぜなら、悪にもお役があるからです。

日月神示でもいっているように、悪は地球のバランスのために存在し続けるのです。

悪を否定したり、根絶しようと思ってやっきになっても、ムダです。

「平等」「基本的人権」と同じように、「平和」も、「こうしなさい」と上から押しつけられたものであって、本当に大事なことは、個人個人が魂レベルで「こうしたい」と思うことだけをやればいいのです。

つまり、宇宙的な視点から見たら、3次元社会の憲法で、これらが謳《うた》われていること自体がナンセンスだということです。

憲法や法律は、もともと低次元の視点でできたものなので、高次元の社会になればなるほど憲法そのものがそぐわなくなります。

高次元から見てできることは、あなた自身の次元を上げること。そして、あなたの魂が決めてきたことを周りの目を気にせずにやり続けることです。

そうすれば、それぞれにユニークなピースが自然に融合しあいながら、陰陽一体となった宇宙本来の姿が現れてくるでしょう。

地球を本来の波動に乗せ、シリウスの意図に乗せ変えるために……

最後にもう一度、これまでの人類とこれからの人類の大きな違いについて述べておきます。

前述したとおり、宇宙で最初に地球ができたのは、現在の宇宙科学では136億年前だといわれていますが、時間は相対的なもので今よりも波動が高かったので、実際には約10倍の時間、つまり1360億年くらい前です。

その頃は、愛と調和のシリウスのサポートが強かったので、自分たちの星をさらに進化させるために、地球文明（地球人）のあり方を少し苦労させるように設定しました。

苦労させるということは、もがく、思い通りにいかない体験をさせる、ということです。

そのために、高次元のエネルギーを落として、3次元の地球でさまざまな体験をさせて、そこで培った気づきと学びによってレベルアップしたエネルギーをシリウスに持ち帰ろうという意図だったのです。

だから、地球では、思い通りにならない、ずっともがく設定になったわけです。

そして、それをシリウスがサポートしてきました。

ところが、途中でプレアデスが介入したことで、シリウスの意図とは違ってきたのです。

ようするに、もがくことで学べる星だったのに、高次元のエネルギーが途絶えて学べない星、低次元の神に依存する人類になってしまったわけで、その役割を担ったのがフリーメイソンやイルミナティの人たちでした。

このままでは、もがいても、もがいても学べない、進化・成長できないままになってしまうことから、そこで満を持して動いたのが、1万年前に初めて地球に降り立った大宇宙大和神です。

そして、「これは地球を本来の波動に乗せないといけない」と、シリウスの意図に乗せ変えるために、この私の中に入ったのです。

なぜ日本に降りたかというと、宇宙から見て日本が一番光っていた、つまりエネルギーが最も高かったからで、また私の松果体《しょうかたい》のエネルギーも相当高かったことから、大宇宙大和神の50次元のエネルギーが入ってもビクともしなかったのです。

その後、私の魂は何世代も地球生を選んで、ありとあらゆる過去生を体験してきました。

その間、20次元までの神も全部地球に降りてきて、中には宇宙人のような存在もいましたが、神としてお告げを伝えたり、善悪という観念を植えつけながら人類を誘導してきました。

その結果、先ほどの「平等」「基本的人権」「平和」といった神の教えが広まっていったわけですが、その間に、「神というのは言葉で戒めて自分たちを導いてくれる存在である」という意識が地球人の間に根付いたのです。

20次元の神たちは、何事も善悪で分離することによって、世の中で起きているいろんな憎しみ合いとか騙し合い、対立や戦争をなくそうとした。だから、人類も「平等でなくてはいけない」「平和でなくてはならない」「悪は根絶しなければならない」などとあり得ない理想を掲げてきたわけです。

人類進化のために20次元の神の教えから45次元以上の神の教えへとシフトする

確かに、今までの地球のレベルや進み方であれば、それでもよかったでしょう。高次元のエネルギーが低下した地球人は、そもそもスピリチュアルの度合いが高くなかったからです。

だから、これまでは、神が「〇〇しなさい」「〇〇してはいけない」とアドバイスしたことが有効だったわけですが、いよいよ世直しの最終段階に入ってきたために、神の教えそのものの次元を上げる必要が出てきたということです。

45次元以上の神は、これまでも「善悪共にあっていい、両方がないとダメだ」とわかっていましたが、この間の様子をずっと上から見守っていました。

そのため、20次元の神たちは「悪いものをなくせ」と人間たちに教え、人間もそれに従って平和にやろうと思ってそれなりに努力をしてみたものの、争いや戦争は決して無くなることはありませんでした。

なぜなら、その背後で、45次元以下の神たちが人類に学ばせるためにあえて争いを起こさせてきたからです。

悪を根絶しようと思えば思うほど、悪は力をつけ、対立を避けて無理やり統一をはかったり、平和を求めれば求めるほど別の対立や争いが激化する――このパラドックスは、これまで誰にも理解できなかったのです。

宇宙から見たら、対立や戦争をなくそうとするのではなく、戦争から何を学ぶのかが重要で、そのために対立や争いがあるのです。

いじめにしても同じです。いじめは悪い、悪いことは無くさなくてはいけない、とやっきになっている限りいじめから学ぶことはできず、それゆえ、いじめはなくなることはありません。

人類が望もうと望むまいと、そこに気づきや学びがあるまで同じ現象が続いていくだけです。

戦争やいじめから私達は何を学ぶのか、というところに視点がいって、ようやく45次元以上の神たちが「やっとわかったか。では、これからはお前たちの星には争いはいらないな」といって、争いを減らしていくのです。

自分のエネルギーを上げることだけに集中していれば神が自然に導いてくれる

45次元以上の神が動きはじめたのも、50次元の大宇宙大和神がいよいよ出現したからです。

弊立神宮という最古の神社の隠宮《かくれみや》に祀られていた大宇宙大和神が、私の活動と共に隠身大神《カクレミノオオカミ》から顕身大神《ウツクシミノオオカミ》に変わったのです。

そして、前章までに示された内容が、大宇宙大和神の主な教えです。

この50次元の教えが示され、人間の集合意識が20次元の教えからさらにアップ

デートされることによって、
「○○をしないといけない」「世の中はこうであるべきだ」などというきれいごとを並べる世界ではなくなって、
各自が自分自身の魂に正直になって、あるがままを受け入れ、お互いの個性を尊重しあいながら、緩やかに融合していく世界が築かれていくでしょう。
神との関係においても、これまでのように神に頼ってアドバイスを求めるのではなくて、
自分自身のエネルギーを上げることに集中し、そうすることで神が自然に導いてくれる。
つまり、あなた自身がエネルギーを上げれば、高次元存在があなたのエネルギーを導いてくれる、そういう時代に入ったのです。
これまでのように、神様は神社に鎮座している、あるいは、山にいる、○○にい

る、ということが間違っているわけではありません。
それはその次元の神であって、20次元の神でもそれなりに役割があります。
ただ、皆さんがステップアップする時期になるので、
より高い次元の神との接触をもっと深めるとよいのです。
そうすれば、エネルギーが高まってもっと楽に愉しく生きられます。
高次元の神とのつながりが深まって、自分のエネルギー（次元）が高まると、
神社に参拝に行く必要もないし、特別な御神事をしたり、形式に囚われる必要もなくなり、
ただ意識と意識だけのやりとりになるので、時空間を超えて瞬時につながることができます。
ですから、「○○の神様とつながるために○○に行かないといけない」というこだわりからも自分を解放してください。
神社やお寺に行かないと恩恵を受けられないというのは、低い次元の神仏であっ

て、エネルギーの高い存在たちは場所や時間に関係なく、いつでも今ここでつながれるのです。

エネルギーが高まれば、あなたも大宇宙大和神のエネルギーを取り入れられる

これからの弥勒の世の時代においては、いかに自分自身のエネルギーを上げていくかが大事です。

そのためには、

「他人や世の中の問題を斬る前に、まず自分自身を斬りなさい！」

「自分の魂と接吻するくらいに、己を愛し、己を戒め、己自身を変えていきなさい!!」

これが大宇宙大和神からの伝言です。

言い換えれば、
あなたが変われば世の中は変わる。

あなた自身が変わらないと世の中は変わらない。

これが、50次元の絶対的な神が伝えるシンプルな教えです。

念のために補足をしておくと
これまでの地球人は、脳で「意識を変えよう」ともがいてきましたが、いくら脳を駆使しても、それでは変わらないということです。

脳ではなくて、魂が震えることが大事です。

そのためにも、過去でも未来でもない、今ここの自分自身にフォーカスして、全部自分の中で受け入れて、
この現実は自分にとってどういう意味があるのか？

そこから何に気づいて、何を学んだらいいのか？

と自問自答することによって、内なる叡智の源である魂意識が目覚めて、

そうして自然に変わっていくということです。

自分を否定して変えるのではなくて、「そのままでいい」「すべて大丈夫」と受け入れたうえで、「魂の目線で見たらこれはどういう意味なのかな？」とかみ砕きながら消化していく、エネルギーを上げるというのは、そのように今ここの自分を受け入れられる度合によるのです。

エネルギーが高ければ次元が上がるので、そうするとより高い神のサポートが入ってきます。

そんなふうに誰でも高次元の神のサポートは受けられるし、エネルギーが高まれば「自分自身が神だ」という意識状態にもなり得ます。

つまり、無理に自分を変えようとするのではなくて、いつのまにか、結果的に変わっていく。

これが高次元の神の導きです。

私は、皆さんの先頭を行っているだけであって、皆さんも私と同じように高次元の神とつながった生き方ができるのです。

あなたがそれを望むならば、ぜひあなたもご自身のエネルギーを上げていくことで、大宇宙大和神、そして、それ以上の高い次元のエネルギーを自分の中の一部のエネルギーとして取り入れていってください。

88次元 Fa－A ドクタードルフィン 松久 正（まつひさ・ただし）

鎌倉ドクタードルフィン診療所院長

医師（慶応義塾大学医学部卒）、米国公認ドクターオブカイロプラクティック（Palmer College of Chiropractic 卒）

超次元・超時空間ＤＮＡオペレーション医学＆松果体覚醒医学
Super Dimensional DNA Operation Medicine（SD-DOM）& Pituitary Activation Medicine（SD-PAM）

神と高次元存在を覚醒させ、人類と地球、社会と医学の次元上昇を使命とする。
人類を含む地球生命と宇宙生命の松果体覚醒、並びに、高次元ＤＮＡの書き換えを担う。

対面診療には、全国各地・海外からの新規患者予約が数年待ち。世界初の遠隔診療を世に発信。

セミナー・講演会、ライブショー、ツアー、スクール（学園、塾）開催、ラジオ、ブログ、メルマガ、動画で活躍中。ドクタードルフィン公式メールマガジン（無料）配信中（ＨＰで登録）、プレミアム動画サロン・ドクタードルフィンDiamond倶楽部（有料メンバー制）は随時入会受付中。

多数の著書があるが、代表的なものは、『松果体革命』（２０１８年度出版社Ｎｏ．１ベストセラー）『Ｄｒ．ドルフィンの地球人革命』（ナチュラルスピリット）『ワクワクからぶあぶあへ』（ライトワーカー）『からまった心と体のほどきかた 古い自分を解き放ち、ほんとうの自分を取りもどす』（ＰＨＰ研究所）『死と病気は芸術だ！』『シリウス旅行記』（ＶＯＩＣＥ）『卑弥呼と天照大御神の復活』『神医学』『ピラミッド封印解除・超覚醒明かされる秘密』『神ドクター Doctor of God』（青林堂）『多次元パラレル自分宇宙』（徳間書店）『我が名はヨシュア』『幸せDNAをオンにするには潜在意識を眠らせなさい』（明窓出版）『「世界遺産：屋久杉」と「宇宙遺産：ドクタードルフィン」』『イルミナティとフリーメイソンとドクタードルフィン』『ウィルスの愛と人類の進化』『龍・鳳凰と人類進化』『菊理姫（ククリヒメ）神降臨なり』『令和のDNA 0＝∞医学』『ドクタードルフィンの高次元DNAコード』『ドクタードルフィンのシリウス超医学』『水晶（珪素）化する地球人の秘密』（ヒカルランド）等の話題作がある。また、『「首の後ろを押す」と病気が治る』は健康本の大ベストセラーになっており、『「首の後ろを押す」と病気が勝手に治りだす』（ともにマキノ出版）はその最新版。今後も続々と新刊本を出版予定で、世界で今、最も影響力のある存在である。

公式ホームページ http://drdolphin.jp/

この本には、地球に降りた最初の神である「大宇宙大和神」の至高エネルギーが舞い降りています。

しかし、それに留まらず、この本にご縁をくださった皆さまへの、さらなる購入特典として、私ドクタードルフィンが本神のエネルギーを載せてアクティベートさせた神札を、同封して、特別にプレゼントいたします。

いま地球に存在する、どんな神札よりも、次元の高いエネルギーを放射します。

最高に、貴方を見守って、サポートするでしょう。

至高神 大宇宙大和神《オオトノチオオカミ》の教え
隠身《かくれみ》から顕身《うつくしみ》へ

令和 3 年 1 月 24 日　初版発行

著　者　　松久正
発行人　　蟹江幹彦
発行所　　株式会社　青林堂
〒 150-0002　東京都渋谷区渋谷 3-7-6
電話　03-5468-7769
装　幀　　TSTJ inc.
印刷所　　中央精版印刷株式会社

Printed in Japan
© Tadashi Matsuhisa 2021
落丁本・乱丁本はお取り替えいたします。
本作品の内容の一部あるいは全部を、著作権者の許諾なく、転載、複写、複製、公衆送信（放送、有線放送、インターネットへのアップロード）、翻訳、翻案等を行なうことは、著作権法上の例外を除き、法律で禁じられています。
これらの行為を行なった場合、法律により刑事罰が科せられる可能性があります。

ISBN 978-4-7926-0695-4